आर्टिफ़िशियल इंटेलिजेंस

आर्टिफ़िशियल इंटेलिजेंस

सम्पादक

आशुतोष कुमार शुक्ल

भौतिक विज्ञान विभाग, इविंग क्रिश्चियन कॉलेज, प्रयागराज, उ.प्र.-211003

किरण अय्यर वी.

सीमा शुल्क गृह, कोचिन, केरल-682009

वाणी प्रकाशन

प्रकाशन के उत्कृष्टतम 62 वर्ष

सजिल्द पहला संस्करण : 2025

vaniprakashan.com

वाणी प्रकाशन

4695, 21-ए, दरियागंज, नयी दिल्ली-110 002

फ़ोन : + 91 11 23273167, 23275710

शाखाएँ

अशोक राजपथ, पटना-800 004, बिहार

कॉफ़ी हाउस कैम्पस, महात्मा गांधी मार्ग, प्रयागराज-211 001, उत्तर प्रदेश

महात्मा गांधी अन्तरराष्ट्रीय हिन्दी विश्वविद्यालय, वर्धा-442 001, महाराष्ट्र

sales@vaniprakashan.in
vaniprakashan@gmail.com

Artificial Intelligence
Edited by Ashutosh Kumar Shukla
& Kiran Iyer V.

ISBN : 978-93-6944-449-6
Computer Science/Self-Help

मूल्य : ₹ 299

जी.एस. ऑफ़सेट, दिल्ली-110 095 में मुद्रित

वाणी प्रकाशन का लोगो मक़बूल फ़िदा हुसैन की कूची से

अनुक्रम

प्रस्तावना

आज के युग में विज्ञान और प्रौद्योगिकी मानव जीवन के अभिन्न अंग बन चुके हैं। वह मनुष्य जो कभी भाषा से रहित केवल संकेतों का प्रयोग कर सम्प्रेषण करता था, आज आँखों की पुतलियों से डिजिटली सन्देशों का आदान-प्रदान करने लगा है, कल तक जो पत्थरों पर चित्र उकेरता था, आज केवल एक बटन दबाकर कोई भी आकृति तैयार कर लेता है, जो कभी खाने के लिए केवल शिकार पर निर्भर था, आज मिनटों में मनचाहे व्यंजन का आनन्द ले सकता है, जो कभी चाँद को निहारता रहता था, आज वहीं जाकर घर बसाने की तैयारी में लगा है। विज्ञान ने मानव जीवन के हर क्षेत्र में परिवर्तन ला दिया है।

मनुष्य ने अपने बुद्धि-बल के प्रयोग से इस संसार में कई आमूलचूल परिवर्तन किये हैं। जहाँ सभी जीव-जन्तुओं का जीवन केवल अपनी मूलभूत आवश्यकताओं की पूर्ति तक ही सीमित है वहीं मानव नित नवीन तकनीकी और आविष्कारों के साथ भविष्य के स्वर्णिम पथ की ओर अग्रसर हो रहा है। कम्प्यूटर के मानव जीवन में प्रवेश से उसके कई कार्य जिन्हें वह बहुत समय लेने वाले और अत्यन्त कठिन समझता था, आज चुटकियों में सम्पादित होने लगे हैं।

मानव मस्तिष्क की यह विशेषता है कि वह भिन्न-भिन्न परिस्थितियों में भिन्न-भिन्न निर्णय लेता है। परन्तु एक मशीन में यदि भिन्न-भिन्न परिस्थितियों के अनुरूप ये सभी निर्णय सहेज दिये जायें तो वह भी मनुष्य की भाँति ही व्यवहार करने लगेगा। वर्तमान में कृत्रिम मेधा द्वारा यही कार्य सम्पादित किया जा रहा है। यह कम्प्यूटर विज्ञान की वह शाखा है जो मशीनों व साफ़्टवेयरों को बुद्धिमत्तायुक्त बनाता है तथा विकसित करता है, जिनमें स्वयं निर्णय लेने की क्षमता होती है। इसके निर्माण में इसके तर्कपूर्ण होने, सीखने, तथ्यों का प्रसंस्करण करने, योजना बनाने, आँकड़ों को सहेजकर यथासमय उपयोग में लाने आदि गुणों को सम्मिलित किया जाता है। इसका कार्य मानव बुद्धि का अनुकरण कर तेजी से कार्य सम्पादित करना है। एप्पल

का सिरी, अमेजॉन का अलेक्सा व माइक्रोसॉफ्ट का क्रोटाना प्राकृतिक भाषा के प्रश्नों का प्रसंस्करण करना आदि कृत्रिम मेधा के ही अनुप्रयोग हैं। आज के इस रोबोट युग में कृत्रिम बुद्धिमत्ता मानव जीवन का एक बहुत ही महत्त्वपूर्ण साधन बन गयी है। सुबह की चाय से लेकर रात की नींद तक हम कृत्रिम बुद्धिमत्ता से लैस उपकरणों से घिरे हुए हैं। चाहे वह कमरे की उष्णता के अनुरूप तापमान में परिवर्तन करने की प्रक्रिया हो या वाशिंग मशीन में कपड़े धोने की सारी प्रक्रियाओं को स्वयं निर्णय लेकर सम्पादित करने की क्षमता, चैट जीपीटी द्वारा बच्चों के होमवर्क में सहायता हो या विभिन्न प्रौद्योगिकी टूल्स द्वारा स्वास्थ्य, पर्यटन आदि से सम्बन्धित जानकारी प्राप्त करना, ये सभी कार्य कृत्रिम मेधा से क्षणभर में सम्पन्न हो जाते हैं।

इसकी बहुआयामी उपयोगिता का प्रमाण इसी तथ्य से दिया जा सकता है कि, यह मानव जीवन के हर क्षेत्र से सम्बद्ध हो चुका है। आज कृत्रिम मेधा चिकित्सा निदान, इलेक्ट्रॉनिक व्यापार, रोबोट विज्ञान, रिमोट सेंसिंग, कृषि, शिक्षा, विनिर्माण, विभिन्न औद्योगिक कार्य, रक्षा और रणनीति, बैंकिंग और वित्त, विधि प्रणाली, प्रकाशन एवं मुद्रण, रत्न परीक्षण, पुरातत्व संरक्षण सम्बन्धी अनुसन्धान, खाद्य गुणवत्ता विश्लेषण व उसकी पैकेजिंग की तकनीकी, यात्रा व पर्यटन इत्यादि के क्षेत्र में अपने पैर मज़बूती से जमाने का यत्न कर रही है।

कम्प्यूटर विज्ञान से सम्बन्धित कई कठिन समस्याओं का निदान अब कृत्रिम मेधा के शोधकर्ताओं ने कर दिया है। कृत्रिम मेधा के कम्प्यूटरी अनुप्रयोग से टाइम शेयरिंग, इंटरैक्टिव दुभाषिया, ग्राफिकल यूसर इंटरफेस, तीव्र विकास वातावरण का निर्माण, लिंक सूची डेटा संरचना, स्वचालित भण्डारण क्षमता विकास, प्रतीकात्मकता प्रोग्रामिंग, कार्यात्मक प्रोग्रामिंग, गतिशील व उद्देश्योन्मुख प्रोग्रामिंग के द्वारा अब कम्प्यूटर विज्ञान का व्याप और भी विस्तृत हो रहा है।

आज शिक्षा के क्षेत्र में कई ऐसी तकनीकी विकसित हो गयी हैं जो बुद्धिमान शिक्षण प्रणाली द्वारा डिजिटल शिक्षक विकसित कर कम समय में अधिक से अधिक प्रशिक्षुओं को प्रशिक्षित कर सकती हैं।

कृत्रिम बुद्धिमत्ता प्रणाली आज जीवन के हर क्षेत्र से जुड़ चुकी है तथा जीवन को प्रभावित कर रही है। इस प्रणाली से जहाँ एक ओर सारे काम सरल हो रहे हैं और समाज के प्रगति की नई दिशा दिखाई दे रही है, वहीं दूसरी ओर समाज में एक प्रकार का डर भी विद्यमान हो रहा है कि, इसके कुछ दूरगामी दुष्परिणाम भी हो सकते हैं। इस सम्बन्ध में हमें इस बात को समझना होगा कि, इस प्रणाली का प्रभाव इसके प्रयोग पर निर्भर करता है। यह तथ्य अक्षरशः सत्य है कि, सकारात्मक

प्रयोगों से इसके अच्छे परिणाम ही दृष्टिगोचर होंगे। एक सफल व सशक्त समाज के निर्माण के लिए यह आवश्यक है कि, हम इस तकनीकी के साथ क़दम से क़दम मिलाकर चले।

इस लेख संग्रह में देश के भिन्न-भिन्न भागों से विज्ञान लेखन में सक्रिय प्रभावशाली लेखकों ने योगदान दिया है। जिसमें लेखकों ने अपनी विशेषज्ञता के क्षेत्रों से सम्बन्धित ज्ञानवर्धक लेख प्रदान किए हैं। सम्पादकों द्वारा लेखकों को उनके लेखन हेतु पर्याप्त स्वतन्त्रता दी गयी है, जिसके परिणामस्वरूप उनकी प्रतिभा अपने वास्तविक स्वरूप में लेखों के माध्यम से इस पुस्तक में व्यक्त हुई है।

हमें यह आशा है कि, यह पुस्तक शिक्षकों, छात्रों, शोधकर्ताओं व समाज के हर वर्ग के लोगों के लिए लाभदायक सिद्ध होगी।

किसी अचम्भे से कम नहीं है कृत्रिम बुद्धिमत्ता

–डॉ. अर्चना पाण्डेय

प्रस्तावना

एक अप्रत्याशित और अनोखी तकनीक है कृत्रिम बुद्धिमत्ता। निश्चय ही यह किसी अचम्भे से कम नहीं है। कितनी सुविधा होती है जब कोई कार्य करते समय हम कहते हैं 'एलेक्सा प्ले आशा भोसले सांग और एलेक्सा तुरन्त आशा भोसले के गीत को खोज लेती है तथा गीत बज उठता है। एलेक्सा से हँसने को कहो तो वह हँस पड़ती है। किसी पकवान को बनाने की विधि पूछो तो वह तुरन्त विधि बताने लगती है। एलेक्सा से समय या दिनांक पूछो तो वह भी तुरन्त बताती है। यहाँ तक कि किसी विशेष क्षेत्र की दूरी या वहाँ के ट्राफिक का हाल-चाल पूछो तो वह भी तुरन्त बता देती है।

अच्छा लगता है न, आज जहाँ कई बार हमारे बच्चे भी हमारी बात को उस तत्परता से नहीं मानते जितनी तत्परता से एलेक्सा हमारी मदद करती है। जिस गति से एलेक्सा हमें सूचनाएँ प्रदान करती है वह आश्चर्यजनक है। और फिर आज का जीवन तो सूचनाओं पर ही आधारित है। कौन है ये एलेक्सा और कहाँ से, खोजकर ले आती है ये सूचनाएँ, कितनी विचित्र बात है न! पर जो भी हो हमें इससे बहुत सुविधा होती है। कुछ साल पहले तक हम लोगों ने कभी इसके बारे में सोचा भी न था। ये है कृत्रिम बुद्धिमत्ता का कमाल जिसे अंग्रेज़ी में हम आर्टिफ़िशियल इंटेलिजेंस या एआई कहते हैं। यह तकनीक आज की आधुनिक प्रौद्योगिकी में चल रहे निरन्तर विकास, अनुसन्धान एवं नवाचार का परिणाम है। कृत्रिम बुद्धिमत्ता ने पूरे विश्व में एक तहलका मचा दिया है। बहुत सारी अनिश्चितताएँ उत्पन्न कर दी हैं। कोई कहता है इसके आ जाने से बहुत सुविधा हो जायेगी। काम करने की

गति बढ़ जायेगी। और सही सूचनाएँ सही वक़्त पर मिल सकेंगी। तो वहीं कुछ अन्य व्यक्तियों का कहना है कि एआई बेरोज़गारी की क़तार को और लम्बा कर देगी। यह एआई हमारी नौकरियाँ खा जायेगी। पता नहीं समाज में क्या-क्या और कैसे-कैसे परिवर्तन होने लगेंगे। इस दुविधा और ऊहापोह से निकलने के लिए हमें यह जानना अत्यन्त आवश्यक है कि कृत्रिम बुद्धिमत्ता की सीमाएँ क्या हैं, वह कितनी सुविधाजनक और कितनी हानिकारक है। हमें यह भी ज्ञात होना चाहिए कि एआई का प्रयोग किन-किन क्षेत्रों में किया जाने लगा है या किया जा सकता है। वैसे तो विश्व में सबसे पहले कृत्रिम बुद्धिमत्ता प्रौद्योगिकी का प्रयोग संयुक्त राज्य अमेरिका द्वारा किया गया था। प्रारम्भ में इसका प्रयोग अंग्रेज़ी से रूसी भाषा में और रूसी से अंग्रेज़ी भाषा में अनुवाद कार्य करने के लिए किया गया था। और वह भी यह खोज ऐसे समय में हुई थी जब अमेरिका और रूस के बीच शीत युद्ध का माहौल था। ऐसे में सुरक्षा और गोपनीयता की दृष्टि से यह एक संवेदनशील और महत्त्वपूर्ण खोज थी। इस प्रकार की खोज किसी भी देश के सुरक्षा तन्त्र को मज़बूत बनाने में एक महत्त्वपूर्ण भूमिका निभा सकती है। इसके पश्चात तो इस तकनीक में निरन्तर सुधार होते रहे और इसके अनुप्रयोग भी बढ़ने लगे। वर्तमान समय में एआई के कई लाभ हैं। यह तन्त्र मानव द्वारा फीड की गयी सूचनाओं को अपने भीतर संग्रहित करके प्रोसेस करता है तथा उसका विश्लेषण कर आवश्यकता के समय या एआई यन्त्र से माँगे जाने पर सूचनाएँ प्रदान करता है। यह उपयोगकर्ता के कार्यों को सरल बनाता है तथा अधिक कार्यों को कम समय में करने की क्षमता रखता है। डेटा को समझकर उसका विश्लेषण करने की क्षमता कृत्रिम बुद्धिमत्ता में होती है।

कृत्रिम बुद्धिमत्ता ने जीवन के लगभग सभी क्षेत्रों को प्रत्यक्ष अथवा परोक्ष रूप से प्रभावित किया है। त्वरित गति से जानकारी उपलब्ध कराने में महती भूमिका है। किन्तु कुछ स्थानों पर इसमें मानवीय स्पर्श का अभाव रहता है और यह स्वाभाविक भी है क्योंकि यह बुद्धिमत्ता, कृत्रिम है। एआई का प्रयोग विभिन्न कार्यों तथा विभिन्न क्षेत्रों में किया जा रहा है। इनमें से कुछ इस प्रकार हैं—

अन्तरिक्ष विज्ञान और कृत्रिम बुद्धिमत्ता

चन्द्रयान-3 और आदित्य एल के प्रक्षेपण के बाद से दुनिया की आँखें अन्तरिक्ष की ओर हो गयी हैं। दुर्लभ एवं काल्पनिक सा दिखने वाला कार्य अब मनुष्य की पहुँच में आ गया है। यह कहना अतिशयोक्ति न होगा कि कृत्रिम बुद्धिमत्ता ने अन्तरिक्ष

विज्ञान को सरल एवं सुलभ कर दिया है। निम्नलिखित पद्धतियों के द्वारा एआई इस क्षेत्र में सहायक है।

उपग्रह की निगरानी : प्रक्षेपित किये गये उपग्रहों को कृत्रिम बुद्धिमत्ता से देखा जाता है तथा इसकी निगरानी की जाती है, कि जिस ध्येय के साथ उपग्रह को प्रक्षेपित किया गया है वह अपना कार्य सुचारु रूप से कर रहा है या नहीं। कई तकनीकी ख़राबियों को भी कृत्रिम बुद्धिमत्ता की सहायता से ठीक कर दिया जाता है।

अन्तरिक्ष का गहन अनुसन्धान : कृत्रिम बुद्धिमत्ता अन्तरिक्ष डेटा का विश्लेषण करके गहन अध्ययन करता है तथा इससे अन्तरिक्ष अनुसन्धान में मदद मिलती है। जैसे कि ग्रहण की गति, ध्वनि, रासायनिक संरचना का अध्ययन आदि।

नेविगेशन और सैटेलाइट प्रणाली : कृत्रिम बुद्धिमत्ता अन्तरिक्ष वाहनों की नेविगेशन और सैटेलाइट प्रणाली के लिए अत्यन्त महत्त्वपूर्ण है। जैसे कि ग्लोबल पोजिसनिंग सिस्टम (जीपीएस) के माध्यम से धरती पर स्थान, समय एवं परिस्थिति की जानकारी प्रदान करना।

जैविक और भौतिक अनुसन्धान : कृत्रिम बुद्धिमत्ता का उपयोग करके अन्तरिक्ष में कई तरह के जैविक और भौतिक अनुसन्धान कार्य किये जा सकते हैं। यह जैविक डेटा का विश्लेषण करके जैविक प्रक्रियाओं को समझने में मदद कर सकती है। जैसे कि वनस्पति और जीवों के जीवनकाल व परिस्थिति को समझना।

स्वास्थ्य और अन्तरिक्ष चिकित्सा

आज के दौर में जहाँ प्रगति चरम पर है वहीं मानव विभिन्न रोगों से घिरता भी जा रहा है। ऐसे में एआई की सहायता से तथा विभिन्न प्रयोगों से रोगों की पहचान, निदान, उपचार और रोगों के उचित प्रबन्धन में मदद मिलती है। कृत्रिम बुद्धिमत्ता की सहायता से डेटा एनालिसिस, चिकित्सकीय निर्णय समर्थन, डिजिटल स्वास्थ्य रिकॉर्ड् स , रोग रोकथाम में सहायता और स्वास्थ्य सेवाओं के सुधार में सहायता मिल रही है।

अन्तरिक्ष चिकित्सा, विज्ञान और तकनीक का वह क्षेत्र है जो अन्तरिक्ष यातायात के दौरान स्वास्थ्य की सुरक्षा और देखभाल के लिए ज़िम्मेदार होता है। अन्तरिक्ष कार्य के लिए कम से कम वैज्ञानिकों एवं कर्मियों का दल भेजा जाता है। पूरी सम्भावना होती है कि यात्रा के दौरान उनकी तबीयत बिगड़ जाये अथवा स्वास्थ्य सम्बन्धी समस्या का सामना करना पड़े। जब मानव या उपग्रह

अन्तरिक्ष में यात्रा करते हैं तो उनके स्वास्थ्य का ध्यान रखने के लिए कृत्रिम बुद्धिमत्ता ही एकमात्र साधन होता है जो विषम परिस्थिति में भी अत्यन्त सहायक होता है। अन्तरिक्ष चिकित्सा के क्षेत्र में विभिन्न अध्ययन एवं अनुसन्धान कार्य किये जा रहे हैं जिससे विकसित तकनीक की प्राप्ति होती है जो मानव स्वास्थ्य की सुरक्षा के लिए आवश्यक है। जैसे कि अन्तरिक्ष के दौरान गर्मी, रेडिएशन और अन्य जोखिमों का प्रबन्धन। कृत्रिम बुद्धिमत्ता प्रणाली एवं उपकरणों के विकास द्वारा यातायात योजनाएँ बनाई जाती हैं और चिकित्सा निरीक्षण इसमें शामिल होता है। इसका उद्देश्य यात्रीगण को अन्तरिक्ष यात्रा में सुरक्षित रखना होता है। निर्जन क्षेत्रों में रेडिएशन के कारण स्वास्थ्य जोखिम में वृद्धि होती है। यह रेडिएशन प्रकाश, ताप, विकिरण आदि से हो सकती है। अन्तरिक्ष चिकित्सा और सुरक्षा के लिए ख़ास उपायों की आवश्यकता होती है ताकि वैज्ञानिक सुरक्षित रह सकें।

कृषि क्षेत्र में कृत्रिम मेधा और इसके अनुप्रयोग

दुनिया भले ही चाँद, मंगल या अन्तरिक्ष में चली जाये, किसान आज भी वहीं अपने खेत में है। आज भी किसानों को ग़रीबी के कारण, अपनी फ़सलों के दाम न मिल पाने के कारण, तथा निजी ज़मींदारों, साहूकारों और बैंकों से लिए गये ऋणों को चुकाने में असमर्थता के कारण आत्महत्या तक करनी पड़ती है। नेशनल क्राइम रिकॉर्ड ब्यूरो (एनसीआरबी) के अनुसार 2017-21 के बीच देश भर में कुल 28572 किसानों ने आत्महत्या की जिसमें से सर्वाधिक संख्या अकेले महाराष्ट्र की थी जो कि 12552 है। सरकार की विभिन्न किसान समर्थित योजनाओं के बाद भी किसानों को बदहाली झेलनी पड़ती है। सूखे, बाढ़, कीट के हमले या किसी अन्य प्राकृतिक आपदा के कारण फ़सलें ख़राब हो जाती हैं। तकनीकी विकास ने सभी क्षेत्रों में कार्यों को आसान बनाया है लेकिन कृषक वर्ग अभी भी तकनीकी रूप से असहाय और पराश्रित है। आज के डिजिटल परिवेश में कुछ किसान अवश्य स्मार्ट और अद्यतन हो रहे हैं, पर आज भी अधिकतर किसान अशिक्षित, अल्पशिक्षित या निरक्षर होने के कारण विकसित तकनीकों का भरपूर प्रयोग नहीं कर पा रहे हैं। फिर भी यह जानना आवश्यक है कि कृषि क्षेत्र में कृत्रिम बुद्धिमत्ता का उपयोग किस तरह से किया जा सकता है।

कृत्रिम बुद्धिमत्ता के उपयोग से कृषि उत्पादन विधियों में क्रान्तिकारी सुधार किये जा सकते हैं, जिनमें खेती में सुधार, पानी का प्रबन्धन, उर्वरक प्रबन्धन,

फ़सल सम्बन्धी पूर्वानुमान, मौसम का पूर्वानुमान और प्रबन्धन आदि किया जा सकता है। कृत्रिम बुद्धिमत्ता की सहायता से किसान को फ़सलों की उपयुक्त समय पर बुआई और पानी देने के निर्णय में सहायता भी मिल सकती है।

कृषि उपकरणों में सुधार : कृत्रिम बुद्धिमत्ता का उपयोग करके कृषि उपकरणों को सुधारने और स्वचालन में मदद मिलती है। इससे काम की दक्षता और उत्पादकता दोनों में सुधार सम्भव है।

पैदावार की सुरक्षा : मात्र पैदावार बढ़ाने से ही ज़िम्मेदारियों का अन्त नहीं होता। कृत्रिम बुद्धिमत्ता का उपयोग करके फ़सलों की बीमा, कीट प्रबन्धन और विभिन्न बीमा कम्पनियों के साथ मिलकर फ़सलों को सुरक्षित किया जा सकता है। कृत्रिम बुद्धिमत्ता के उपयोग से जहाँ कृषि क्षेत्र में उत्पादन को बढ़ावा मिल सकता है वहीं उत्पादन से जुड़ी विभिन्न समस्याओं के समाधान में भी किसानों को मदद मिलती है और अन्ततः किसान की आय में वृद्धि होती है।

फ़सल पोषण के उन्नत उपाय : कृत्रिम बुद्धिमत्ता का उपयोग करके यह पता लगाया जा सकता है कि किस फ़सल को कितनी मात्रा में पोषण की आवश्यकता है, भिन्न-भिन्न फ़सलों के पोषण मानक क्या हैं तथा इन्हें किस प्रकार पूरा किया जा सकता है।

सीड सार्टिंग : अच्छे बीजों का उपयोग करके ही अच्छी फ़सल प्राप्त की जा सकती है। विभिन्न तरह के बीजों की गुणवत्ता तथा अलग-अलग क़िस्म के प्रजाति के बीजों की छँटनी करने के लिए कृत्रिम बुद्धिमत्ता का सहारा भी लिया जा सकता है।

बाज़ार की जानकारी : यदि किसान अपने उत्पादों को सही बाज़ार में ले जाकर उचित दामों पर न बेचें तो उन्हें उचित दर प्राप्त नहीं होंगे। लेकिन कृत्रिम बुद्धिमत्ता की सहायता से बाज़ार के बारे में आवश्यक जानकारी जुटाई जा सकती है तथा उन बाज़ारों तक अपने उत्पाद ले जाने के तरीक़ों के बारे में जानकारी प्राप्त की जा सकती है।

जलवायु परिवर्तन प्रबन्धन : कृत्रिम बुद्धिमत्ता का उपयोग करके जलवायु परिवर्तन के प्रभाव तथा उससे निवारण और प्रबन्धन किया जा सकता है, जिससे किसान अपनी फ़सल को सुरक्षित रख सके तथा जलवायु परिवर्तन की प्रतिकूलताओं से बच सके। यह किसानों के लिए लाभकारी है।

ख़राब फ़सलों की पहचान : कृत्रिम बुद्धिमत्ता ख़राब हो रहे फ़सल को समय रहते पहचानने में सहायता कर सकता है। यह जानकारी प्राप्त होने पर कृषक उचित

समय पर सही क़दम उठाकर होने वाले नुक़सान को कम कर सकता है तथा अच्छी फ़सल को सुरक्षित कर सकता है।

किसानों की शिक्षा : कृत्रिम बुद्धिमत्ता से प्रेरित होकर कई ऐप का निर्माण किया जा रहा है जो किसानों को उनकी अपनी मातृभाषा में कृषि सम्बन्धी जानकारी देते हैं तथा उनके प्रश्नों का समाधान करते हैं। इसके अतिरिक्त किसानों को शिक्षित और प्रशिक्षित भी किया जा सकता है जिससे उनके ज्ञान और कौशल में सुधार निश्चित है।

जल संसाधन प्रबन्धन : कृत्रिम बुद्धिमत्ता ने सिंचाई के विभिन्न नये तरीक़ों को जन्म दिया है तथा उनका प्रबन्धन किया है। इससे पानी को सही तरीक़ों से उपयोग किया जा सकता है अनावश्यक पानी को बर्बाद होने से बचाया जा सकता है वर्षा के पानी को संचित किया जा सकता है तथा किसानों को जल संकट से होनी वाली समस्याओं से बचाया जा सकता है।

बाग़वानी और पशुपालन : बाग़वानी और पशुपालन सेक्टर में भी कृत्रिम बुद्धिमत्ता की सहायता से उचित प्रबन्धन और नियोजन कार्य को अपनाकर उत्पादकता को बढ़ाया जा सकता है जिससे लाभकारी परिणाम प्राप्त होंगे।

हिन्दी भाषा के संवर्धन एवं विकास में कृत्रिम बुद्धिमत्ता की भूमिका

एआई संचालित व्याकरण और वर्तनी जाँचकर्ता हिन्दी लेखकों तथा वक्ताओं को उनकी भाषा कौशल में सुधार करने और त्रुटि मुक्त सामग्री तैयार करने में महत्त्वपूर्ण योगदान देता है। किसी पाठ का विश्लेषण तथा सारांश लिखने में भी एआई से सहायता मिलती है। विश्व की विभिन्न भाषाओं का अनुवाद एवं विकास करने में कृत्रिम बुद्धिमत्ता निरन्तर सहयोग कर रहा है। हिन्दी भाषा के संवर्धन एवं विकास में भी कृत्रिम बुद्धिमत्ता ने महती भूमिका निभाई है। हिन्दी केवल भारत की नहीं बल्कि पूरे विश्व में बोली जाने वाली एक प्रचलित एवं लोकप्रिय भाषा बनती जा रही है। एआई के द्वारा संरक्षण योग्य पुराने ग्रन्थ, पुस्तक अभिलेख और पाण्डुलिपियों को डिजिटलीकरण के द्वारा संरक्षित करके सांस्कृतिक विरासत को संरक्षण प्रदान करने में सहायता मिल रही है। डिजिटल सामग्री सन्दर्भ के लिए सुलभ होती है। एआई संचालित टेक्स्ट-टू-स्पीच तथा स्पीच-टू-टेक्स्ट उपकरण के द्वारा विकलांग व्यक्तियों को भी हिन्दी सामग्री सुलभ करायी जा सकती है। एआई के द्वारा संगठनों के लिए डेटा एकत्रित करने, विचारशीलता का समर्थन करने और निर्णय लेने में प्रणाली की सहायता करता है। एआई डिजिटल दुनिया में भाषा

की पहुँच का विस्तार करते हुये व्यवसायों को उनके उत्पादों और सेवाओं को हिन्दी में स्थानीय करने में सहायता पहुँचा सकता है। वीडियो गेम, वीडियो कंटेंन्ट, डिजिटल खिलौने तथा एनीमेशन और नैरेटिव जनरेशन के द्वारा हिन्दी के विभिन्न पहलुओं को जनता के लिए सुलभ बनाया जा रहा है। कला, संगीत, फ़िल्म आदि में भी ऑटोमेटेड कला और मनोरंजन का सामर्थ्य बढ़ता जा रहा है।

सैन्य बलों के लिए कृत्रिम बुद्धिमत्ता की उपयोगिता

आज के जोखिम भरे वैश्विक परिदृश्य में देशों की रक्षा, सुरक्षा एवं गोपनीयता एक अहम मुद्दा है। देश अपनी सीमाओं की रक्षा के लिए, नागरिकों की सुरक्षा के लिए तथा अद्यतन प्रौद्योगिकी से लैस हथियारों से सबल बने रहने के लिए सभी उपलब्ध तरीक़ों का प्रयोग करते हैं। इसी क्रम में सेनाएँ कृत्रिम बुद्धिमत्ता का उपयोग कर रही हैं। सेनाएँ सभी सम्भव तरीक़ों से स्वायत्त हथियारों और वाहन प्रणालियों का विकास करने के लिए इस प्रणाली का प्रयोग करती हैं। चालक रहित हवाई वाहन (यूएवी) को संचालित करने के लिए कृत्रिम बुद्धिमत्ता का भरपूर प्रयोग करती हैं। ज़मीनी वाहन और पनडुब्बियों को टोही, निगरानी और युद्ध क्षेत्र में संचालन के लिए नियोजित और प्रशिक्षित करती हैं। सीमा सुरक्षा, गुफा और टनल में प्रवेश और बाहरी ख़तरों का पता लगाना आदि सुरक्षा के कार्यों में सेना में कृत्रिम बुद्धिमत्ता उपयोगी है। इसके अतिरिक्त साहसिक कार्यों जैसे कृत्रिम बुद्धिमत्ता ड्रोन, आयरोन बाट और अन्य युद्ध सम्बन्धी किफ़ायती साधनों के माध्यम से सेना की साहसिक कार्यों के लिए सहायक बन सकती है। सर्वेक्षण और गोलाबारी के क्षेत्रों में कृत्रिम बुद्धिमत्ता उपयोगी है। लॉजिस्टिक और सप्लाई चेन के प्रबन्धन में भी कृत्रिम बुद्धिमत्ता सेना की सहायता करती है जिससे युद्ध और सेना के ऑपरेशन को बेहतर तरीक़े से प्रबन्धित किया जा सकता है। खुफ़िया गतिविधियों में भी यह सुरक्षा कार्यों तथा जानकारी संग्रहण करने के लिए उपयोगी हो सकती है। यह सेना को बेहतर नियन्त्रित करने, सुरक्षा बढ़ाने और सड़कों को सुरक्षित करने में मदद कर सकती है। सैनिकों के लिए शिक्षा और प्रशिक्षण कृत्रिम बुद्धिमत्ता सिमुलेशन के माध्यम से किया जाता है। इससे व्यायाम और प्रशिक्षण का महत्त्वपूर्ण हिस्सा प्राप्त किया जा सकता है। यह सैनिकों की योग्यता और युद्ध प्रवृत्तियों को बेहतर बनाने में सहायक है। युद्ध के दौरान सुरक्षा बलों और सेना के अधिकारियों के बीच संवाद और समझौतों की आवश्यकता पड़ती है, ताकि वे युद्ध की चुनौतियों को सुलझा सकें और शान्ति स्थापित कर सकें और

समय पर समझौते पर हस्ताक्षर का सहारा ले सकें। यह सामरिक अदालतों और अन्तरराष्ट्रीय युद्ध अधिनियम के अन्तर्गत आता है। जिससे युद्ध से बचाव और सुलझाव की क्रियाएँ की जाती हैं। सामरिक संवाद का मुख्य उद्देश्य युद्ध बढ़ने के जोखिम को कम करना है तथा सामरिक संवाद के द्वारा शान्ति प्रक्रिया को बनाये रखा जा सकता है। ऐसी सम्भावना है कि इस क्षेत्र में भविष्य में भी एआई भूमिका निरन्तर बढ़ती ही जायेगी।

निवेश और वित्तीय विश्लेषण

वित्तीय विश्लेषण और निवेश के क्षेत्र में भी कृत्रिम बुद्धिमत्ता का प्रयोग किया जा रहा है। एआई विभिन्न तरीक़ों से निवेश में सहायता करता है।

डेटा विश्लेषण : एआई डेटा का उचित विश्लेषण करके निवेश विकल्पों की सम्भावनाओं को प्रस्तुत करता है जिससे सूचना के आधार पर निवेशकों को निर्णय लेने में मदद मिलती है।

पैटर्न श्रेष्ठता : एआई अपनी प्रणाली के द्वारा बाज़ार में चल रहे पैटर्न और रुझानों को पहचानने में सहायक होता है। और यह निवेशक को उचित निर्णय लेने में सहायक होता है।

ऑटोमेटेड निवेश : एआई निवेश को ऑटोमेट करने में मदद करता है। जैसे कि वर्चुअल ट्रेडिंग और पोर्टफोलियो प्रबन्धन। इससे निवेशकों का समय और संसाधन बचता है।

जोखिम प्रबन्धन : धनराशि का निवेश जोखिम भरा होता है। ऐसे में एआई निवेशकों को विपरीत स्थिति से बचाता है।

ज्योतिष में कृत्रिम बुद्धिमत्ता का प्रयोग

आधुनिकता के इस दौर में मनुष्य तर्कशील हो गया है, वैज्ञानिक बातें करता है, अन्धविश्वासों से ऊपर उठ चुका है फिर भी वह ज्योतिष विद्या का प्रयोग एवं अनुपालन करता है। चाहे वह सरकारी नौकरी में हो या बहुराष्ट्रीय कम्पनी में, शादी-विवाह के समय शुभ-मुहूर्त, गुण-मिलान, नाड़ी-मिलान आदि के लिए ज्योतिष का सहारा लेता है तथा पंडित से शुभ-लग्न, शुभ-समय आदि निर्धारित करवाता है। ज्योतिष में एआई का महत्त्व तो है किन्तु यह पूरी तरह मान्य न होकर विवादास्पद भी है। ज्योतिष एक धार्मिक और सामाजिक विज्ञान है जिसमें मन्त्र, ग्रहों, राशियों और भविष्यवाणी का आग्रह होता है। कुछ लोग ऐसा भी मानते हैं

कि कृत्रिम बुद्धिमत्ता के द्वारा इसे अधिक वैज्ञानिक बनाया जा सकता है परन्तु हर कोई इस पर विश्वास नहीं करता। एआई का उपयोग ज्योतिष में इस प्रकार से हो सकता है।

ग्रहों की गणना और विश्लेषण : ग्रहों की स्थिति और गतिविधियों का विश्लेषण करके ज्योतिषीय गणना में मदद कर सकता है, जिससे ज्योतिषियों को अधिक निश्चित ज्योतिषीय पूर्वानुमान मिल सकता है।

प्रश्नोत्तरी और सुझाव : एआई ज्योतिष के विभिन्न पहलुओं में लोगों के प्रश्नों का उत्तर देने और सुझाव देने में मदद कर सकता है, जो अधिक व्यक्तिगत और उपयुक्त हो सकते हैं।

जन्मकुंडली बनाना और विश्लेषण : एआई जन्मकुंडली का विश्लेषण करके व्यक्तिगत भविष्यवाणी कर सकता है और विभिन्न दशाओं का अध्ययन करके ज्योतिषीय दृष्टिकोण प्रदान कर सकता है। हालाँकि, इसमें धार्मिक और वैज्ञानिक समृद्धि के बीच एक समर्थन खोजना मुश्किल है और यह सामाजिक, आर्थिक और वैचारिक मामलों पर विवाद उत्पन्न कर सकता है।

एआई का ज्योतिष में और आगे बढ़ना चुनौतीपूर्ण हो सकता है, क्योंकि ज्योतिष एक अद्‌भुत रूप में व्यक्तिगत और आध्यात्मिक अनुभवों पर आधारित ज्ञान है जिसमें व्यक्तिगत संवेदना और परख का महत्त्व है।

धार्मिक और सामाजिक आदर्शों से टकराव : एआई ज्योतिष के प्रमुख सिद्धान्तों और धार्मिक मान्यताओं से भिन्न हो सकता है, जिससे समाज में विवाद उत्पन्न हो सकता है।

व्यक्तिगत संवेदना की कमी : एआई से व्यक्तिगत संवेदना और अनुभव की कमी ही सकती है, क्योंकि ज्योतिष के साथ जुड़े व्यक्ति, आत्मा, भावनाएँ, और अनुभूतियों को समझते हैं, क्योंकि ज्योतिष एक गहन अध्ययन एवं गणना का विषय है।

सामाजिक परम्पराओं के ख़िलाफ़- एआई ज्योतिष में कई सिद्धान्तों और प्रक्रियाओं के साथ सामंजस्य नहीं रख सकता, जिससे सामाजिक परम्पराओं और अन्य धार्मिक विचारधाराओं के ख़िलाफ़ आपत्ति उत्पन्न हो सकती है। सम्भावना है कि एआई और ज्योतिष के सम्बन्ध में एक सही सन्तुलन प्राप्त करना मुश्किल हो सकता है, लेकिन उचित और उदार दृष्टिकोण के साथ इसे विकसित करना भी सम्भव है।

खेल-कूद और कृत्रिम बुद्धिमत्ता

पढ़ोगे लिखोगे बनोगे नवाब
खाओगे खेलोगे होगे ख़राब

दीर्घ काल तक यह मान्यता थी कि पढ़-लिख कर ही सफल बना जा सकता है तथा जीविकोपार्जन किया जा सकता है। ग़रीब, अमीर हर कोई अपने उपलब्ध संसाधनों का प्रयोग करके अपनी सन्तानों को अच्छी शिक्षा की ओर प्रेरित करता था। किन्तु आज हम देखते हैं कि राष्ट्रीय एवं अन्तरराष्ट्रीय मंचों पर खेल का महत्त्व बढ़ा है। न केवल शौकिया तौर पर बल्कि व्यवसाय के रूप में भी खेलों ने एक महत्त्वपूर्ण स्थान प्राप्त किया है। खेल में खिलाड़ियों को सम्मानजनक पारिश्रमितक एवं उपहार मिलने लगे हैं जिससे वे एक सम्मानजनक सामाजिक जीवनयापन कर सकते हैं। क्रिकेट, फुटबॉल, हॉकी, शतरंज, कबड्डी, जैवलिन, टेबल टेनिस, लॉन टेनिस, कुश्ती, शूटिंग, जिमनास्टिक आदि विभिन्न खेलों के प्रति लोग आकर्षित हो रहे हैं तथा प्रशिक्षण प्राप्त कर अच्छा प्रदर्शन कर रहे हैं इससे जहाँ एक ओर व्यक्ति विकास हो रहा है वहीं दूसरी ओर देश का नाम भी रौशन होता है।

नये खेलों का निर्माण : जहाँ एक ओर एआई के द्वारा खेल तकनीक को सुधारा जाता है वहीं एआई की मदद से कुछ नये खेलों का निर्माण भी किया जा सकता है। वर्तमान खेलों व खेल पद्धतियों का ज्ञान देकर उनके मेल से कुछ नये और रोमांचक खेलों का निर्माण हो सकता है जो खिलाड़ियों को नये अनुभव प्रदान कर सके।

खेल शिक्षा के लिए एआई : एआई के माध्यम से वर्चुअल रियलिटी के साथ जुड़कर वह खेलों में वास्तविकता प्रदान कर सकता है, जिससे खिलाड़ियों को बेहतर अनुभव प्राप्त होंगे। साथ ही खेलों के बारे में शिक्षा देने व खेल विधि सिखाने की सम्भावनाओं में सहायता मिलती है। इससे खिलाड़ियों को नये कौशल सीखने और सामाजिक रूप से कुशल व्यवहार का मौक़ा मिल सकता है। बेहतर ग्राफिक और रियलिस्टिक गेम-प्ले के द्वारा खेल तकनीक को बेहतर बनाया जा सकता है।

नेतृत्व और सिस्टम में सुधार : कृत्रिम बुद्धिमत्ता के द्वारा यह पता लगाया जा सकता है कि खेलों की नेतृत्व प्रणाली में क्या विसंगतियाँ हैं तथा किस प्रकार इससे उबरा जा सकता है। एआई का उपयोग करके खिलाड़ियों को आपसी सहयोग, नेतृत्व कौशल और टीम कार्य की प्रेरणा दी जा सकती है।

वरिष्ठ नागरिकों के लिए एआई का महत्त्व

कम्प्यूटरीकरण के इस युग में एकल परिवार का चलन बढ़ा है। विदेशों में नौकरियों की बढ़ती सम्भावनाओं ने युवाओं को आकर्षित किया है। बड़े-बड़े पैकेज, स्वास्थ्य सुविधाओं और अधिक व्यक्तिगत महत्त्व मिलने के कारण बड़ी संख्या में भारतीय भी विदेशों में आकर्षित हो रहे हैं। ऐसे में घर के वरिष्ठ नागरिक एकल जीवन व्यतीत करने को मजबूर हो जाते हैं। ऐसे में कुछ हद तक एआई से उन्हें मदद मिल सकती है।

स्वास्थ्य देखभाल : एआई वृद्ध लोगों के स्वास्थ्य देखभाल में मदद कर सकता है, जैसे कि व्यक्तिगत स्वास्थ्य मॉनिटरिंग, रोग प्रबन्धन और स्वास्थ्य सेवाओं की पहुँच में सुधार।

स्वतन्त्रता सहायता : एआई वृद्ध लोगों की स्वतन्त्रता में सहायक बन सकता है, उन्हें अपनी दिनचर्या में सहायता करने के लिए और स्वतन्त्र जीने में भी मदद करता है।

सोशल जुड़ाव : एआई वृद्ध लोगों को सोशल जुड़ाव में सहायता कर सकता है, उन्हें उनके परिवार और समुदाय से जुड़े रहने में मदद करता है।

सीखने और मनोरंजन : एआई वृद्ध लोगों को नये विषयों में सीखने और मनोरंजन के लिए साधन प्रदान करता है, जिससे उनका मानसिक स्वास्थ्य बना रहता है।

सामाजिक सहयोग : एआई समुदाय में वृद्ध लोगों को सामाजिक सहयोग में मदद कर सकता है, उन्हें सहयोगी सेवाएँ और समुदाय के साथ संवाद में जोड़ने में मदद करने के लिए। एआई वरिष्ठ नागरिकों की जीवनशैली में सुधार करने में एक उपयोगी साथी बन सकता है और उन्हें स्वतन्त्र, स्वस्थ, और सामाजिक सुरक्षा प्रदान करने में मदद कर सकता है।

बच्चों के लिए एआई का महत्त्व

25 वर्ष पूर्व बच्चों के सोचने और समझने के तरीक़े और आज के बच्चों के बौद्धिक विकास, सोचने-समझने की क्षमताओं में बहुत अन्तर है। नयी-नयी तकनीकों नये-नये उपकरणों और गैजेट के प्रयोग ने बच्चों को एक नयी दिशा में मोड़ दिया है। ऐसे में उनकी सहायता और सुरक्षा दोनों के लिए एआई की सहायता ली जा सकती है। पठन-पाठन के विभिन्न स्तरों पर शिक्षार्थी को विभिन्न कार्यों को सीखने और

सिखाने की प्रक्रिया में एआई से मदद मिल सकती है। इसमें मनोरंजन, स्वास्थ्य, रचनात्मकता आदि शामिल हैं।

शिक्षा में सहायक : एआई शिक्षा में सहायक बना सकता है, जैसे कि व्यक्तिगत शिक्षा योजनाएँ, स्वयं सीखने के एप्लिकेशन, और उच्च स्तर की शिक्षा के लिए शैक्षिक सहायता।

मनोरंजन और सीखने का संयोजन : एआई मनोरंजन और सीखने के लिए एक साथी के रूप में कार्य कर सकता है, जिससे बच्चों को शिक्षा में रुचि उत्पन्न होती है और सीखने की प्रक्रिया रोमांचक बनती है।

स्वास्थ्य और देखभाल : तकनीकी साधनों के उपयोग और आत्म-स्वास्थ्य मॉनिटरिंग के द्वारा एआई बच्चों के स्वास्थ्य देखभाल के क्षेत्र में भी मदद कर सकता है।

क्रिएटिविटी की बढ़ती हुई ऊर्जा : एआई क्रिएटिविटी को बढ़ा सकता है और बच्चों को नये और रोमांचक उत्पादों को बनाने के लिए प्रेरित कर सकता है।

समस्या समाधान और विज्ञान में रुचि : एआई बच्चों को समस्याएँ हल करने और विज्ञान में रुचि बनाये रखने के लिए प्रेरित करता है।

भाषा शिक्षा : एआई बच्चों के भाषा सीखने में सहायक बना सकता है, जैसे कि शब्द सीखने, उच्च स्तर की व्याकरण समझने और वाक् कौशल को बढ़ावा देने के लिए एप्लिकेशन और साधनों का उपयोग करके।

सामाजिक उपयोग : एआई सामाजिक सेटिंग्स में बच्चों का सहायक बन सकता है। उन्हें सामाजिक कौशल और साहित्यिक ज्ञान में सुधार करने में मदद करने के लिए।

विभिन्न साधनों का उपयोग : एआई भिन्न विषयों और कौशलों के लिए साधन प्रदान कर सकता है, जिससे बच्चे अपने रुझानों और रुचियों के अनुसार अधिक सीख सकते हैं। इससे अधिक प्रासंगिक और प्रेरणादायक रूप ले सीखा जा सकता है।

एआई बच्चों की शिक्षा, विकास, और सामाजिक सहयोग में एक महत्त्वपूर्ण भूमिका निभा सकता है और उन्हें अद्यतन ज्ञान और कौशल की दुनिया में पहुँचा सकता है।

एआई के अन्य उपयोग

एआई कई मज़ेदार उपयोगों के लिए उपयुक्त है, जैसे कि मज़ेदार चैटबॉट्स, कला

और संगीत रचना और चुटकुला तैयार करना। यह सामाजिक मीडिया फ़िल्टरिंग और मीम बनाने में भी मदद कर रहा है।

एआई को गेम डिजाइन और विकसन में भी लागू किया जा सकता है, जिससे आपको नये और अनूठे खेलों का आनन्द मिल सकता है। साथ ही, आप इसे विभिन्न शैलियों में क्रिएटिव लेखन के लिए भी उपयोग कर सकते हैं, जिससे नये कहानी सारांश बना सकते हैं।

एआई से नुक़सान

मानव के काम को एआई द्वारा प्रचालित करने पर निश्चय ही कुछ नौकरियों में मानव की आवश्यकता घट जायेगी। कुछ विशेष क्षेत्रों में जैसे रचनात्मक लेखन, सारांश लेखन, डाटा इंट्री, कंप्यूटेशन व कैलकुलेशन आदि क्षेत्रों में एआई का प्रवेश नौकरियों में छँटनी करेगा। साथ ही एआई से गोपनीयता और सुरक्षा सम्बन्धी समस्याएँ उत्पन्न हो सकती हैं। एआई ख़तरनाक ऑटोनोमस उपकरण के अनैतिक उपयोग के लिए भी बाध्य हो सकता है। यदि निगरानी और नियन्त्रण में इसका प्रयोग नहीं किया गया तो यह बहुत सारी समस्याएँ बढ़ा सकता है।

एआई का एक और नुक़सान यह है कि यह अलग-अलग समाजों और समृद्धियों के बीच तकनीकी असमानता बढ़ा सकता है, क्योंकि इसका अधिकांश उपयोग सिर्फ़ विकसित राष्ट्रों में होता है। इससे अवसादपूर्ण परिणाम हो सकते हैं और सामाजिक समरसता में असन्तुलन उत्पन्न हो सकता है। एआई का प्रयोग कर प्रचलित व्यक्तियों की आवाज़ को कॉपी कर गीत या संवाद बोले जा रहे हैं जो समाज में भ्रम पैदा करते हैं।

निष्कर्ष

एआई का भविष्य अनिश्चित है, क्योंकि बदलती वैज्ञानिक खोजों और प्रयोगों से इसमें तेज़ी से बदलाव हो रहा है और नये-नये अविष्कार और विकास की सम्भावनाएँ बढ़ रही हैं। यह तकनीकी सुधार और नयी अनुसन्धान क्षमताएँ लाने के साथ-साथ मानव समाज के विभिन्न क्षेत्रों में असीमित अवसर पैदा कर सकता है। साथ ही चिकित्सा-विज्ञान आदि क्षेत्रों में अधिक उन्नत एवं जीवन की गुणवत्ता में अधिक सहायक हो सकता है।

जहाँ भी मशीनों के द्वारा कार्य किया जा रहा है वहाँ पर कृत्रिम बुद्धिमत्ता की सम्भावना है। खासकर ऑटोमेटेड कार्यों के लिए। यद्यपि यह डाटा मानव द्वारा

ही फीड किया जाता है, लेकिन मैनुअली कार्य करते समय मानव त्रुटि (Human error) होने की सम्भावना बनी रहती है। मानव त्रुटि अनचाहे ही व्यक्ति द्वारा भ्रम की स्थिति में अथवा अज्ञानता की स्थिति में, ऑपरेटर एरर के द्वारा अथवा दुर्घटनावश हो सकती है। जबकि कृत्रिम बुद्धिमत्ता के द्वारा इससे बचा जा सकता है। मशीन केवल कार्य करती है जबकि कृत्रिम बुद्धिमत्ता परिस्थिति के अनुसार दिये गये विकल्पों में से सर्वाधिक उपयुक्त विकल्प चुनकर कार्य को सम्पादित करता है। उदाहरण के लिए मानव किसी भी परिस्थिति के लिए एआई को दस विकल्प अथवा उससे अधिक विकल्प सुझा सकता है। लेकिन कृत्रिम बुद्धिमत्ता अपनी सूझ-बूझ का प्रयोग करके उसमें से उचित विकल्प चुनता है तथा कार्य करता है। उपलब्ध संसाधनों में वह तय करता है कि विकल्प ए के कार्य न करने पर विकल्प बी अथवा सी को चुना जा सकता है। इससे कार्य को बेहतर ढंग से करने में मदद मिलती है अथवा त्वरित गति से कार्य को निष्पादित किया सकता है।

कृत्रिम बुद्धिमत्ता की कार्य करने की प्रणाली अन्य प्रणालियों से सर्वथा भिन्न तथा अद्यतन है। यह विभिन्न स्रोतों द्वारा एकत्रित बिग डाटा को संसाधित करके परिणाम प्रस्तुत करता है। कृत्रिम बुद्धिमत्ता ने विज्ञापन और उद्घोषणा की दुनिया में भी महत्त्वपूर्ण स्थान बनाया है। कृत्रिम बुद्धिमत्ता के द्वारा प्रयोग किये जा रहे रोबोट से कई दुर्गम काम किये जा सकते हैं जैसे संकरी सुरंग के भीतर जाना तथा सूचनाएँ एकत्रित करना, ऊँचे पर्वत पर आसानी से चढ़ जाना, गहरे खदान में जाकर जानकारी प्राप्त करना अथवा मानव की सहायता करना। कोरोना काल में हमने देखा कि संक्रमित लोगों तक सहायता पहुँचाने में भी रोबोट तथा एआई की महत्त्वपूर्ण भूमिका रही है। आइसोलेटेट स्थान, जहाँ मानव का जाना जोखिम भरा है वहाँ भी सरलता से कार्य करता है तथा मानव जोखिम को कम करता है।

अद्यतन प्रौद्योगिकियों का स्वागत है किन्तु कृत्रिम बुद्धिमत्ता मानव मस्तिष्क नहीं है। एआई में समझदारी, संवेदनशीलता और नैतिकता जैसे मानवीय मूल्यों का अभाव होता है। कोई भी यन्त्र, उपकरण अथवा तकनीक मानव को प्रतिस्थापित नहीं कर सकता। मानव सृष्टि की सबसे अनोखी तथा अनमोल कृति है और इसका महत्त्व सदैव रहेगा।

अन्तरिक्ष की सैर कराती कृत्रिम मेधा

-डॉ. शुभ्रता मिश्रा

प्रस्तावना

कृत्रिम मेधा यानी आर्टिफ़िशियल इंटेलिजेंस अन्तरिक्ष अन्वेषण सहित विभिन्न क्षेत्रों को बदलने की अपार क्षमता वाली एक नवीन तकनीक के रूप में उभरी है। अन्तरिक्ष के रहस्यों को सुलझाने और ब्रह्माण्डीय क्षेत्र में गहरी अन्तर्दृष्टि प्राप्त करने के लिए अपने उन्नत एल्गोरिदम, मशीन लर्निंग तकनीकों और न्यूरल नेटवर्क के माध्यम से कृत्रिम मेधा अद्वितीय गति और सटीकता के साथ अन्तरिक्षीय डेटा के विश्लेषण से लेकर तारों एवं आकाशगंगाओं के मानचित्रण जैसे परिवर्तनकारी कार्य करने में तत्पर है। अन्तरिक्ष अन्वेषण में कृत्रिम मेधा के संक्षिप्त इतिहास और उपयोग की विविध जानकारियों को साररूप में सँजोया गया है। प्रस्तुत लेख कृत्रिम मेधा के पंखों का सहारा लेकर उड़ रहे अन्तरिक्ष मिशनों और यानों में बैठाकर मानव को अन्तरिक्ष की सैर का अनुपम अहसास करवाने का अनूठा प्रयास है।

विराटता एवं रहस्यों से परिपूर्ण अन्तरिक्ष सहस्राब्दियों से मानव के आकर्षण का स्थान रहा है। अन्तरिक्ष को जानने और समझने के लिए भारतीय दर्शन ने मानव में सदैव एक विशिष्ट मेधा और अन्तर्दृष्टि होने की बात कही है। सम्भवत: पृथ्वी के किसी कालखंड में मानव में ऐसी विशिष्ट मेधा विद्यमान भी थी, जिसके साक्षात् प्रमाण भारतीय वेदों, वेदान्तों से लेकर खगोलवैज्ञानिक और ज्योतिषशास्त्र सम्बन्धी पुरातन ग्रन्थों में मिलते हैं। कहने का तात्पर्य यह है कि अन्तरिक्ष कौतूहल की पिपासा को शान्त करने के लिए पुरातन युग में अपनी दैवज्ञ मेधा के बल पर मानव ने ज्ञान अर्जित किया और वर्तमान विज्ञान एवं प्रौद्योगिकी युग में भी अब वह कृत्रिम मेधा का प्रयोग अन्तरिक्षीय रहस्यों को सुलझाने में कर रहा है। कृत्रिम मेधा यानी

आर्टिफ़िशियल इंटेलिजेंस या एआई एक परिवर्तनकारी शक्ति के रूप में कार्य करते हुये बड़ी ही सटीकता के साथ अद्वितीय ढंग से अकल्पनीय अन्तरिक्ष व्यवहार को समझाने में तत्पर है। कृत्रिम मेधा को अन्तरिक्ष से जोड़ने की पृष्ठभूमि में कहीं न कहीं अन्तरिक्ष की सैर कर पाने की मानव की बड़ी पुरानी उत्कट अभिलाषा देखी जा सकती है। इस विलक्षण सैर के लिए अन्तरिक्ष अन्वेषण अतिआवश्यक है, जो वास्तव में मानव के लिए सर्वाधिक चुनौतीपूर्ण और अध्यवसायी प्रयत्नों में से एक रहा है। यह भी सच है कि अन्तरिक्ष अन्वेषण वैज्ञानिक ज्ञान, प्रौद्योगिकी नवाचार और मानवीय साहस के संयोजन के बिना सम्भव ही नहीं है। अन्तरिक्ष के अनन्त और अज्ञात क्षेत्रों में अन्तरिक्षयानों और मानवों को भेजने की अपनी सीमाएँ एवं ख़तरे होते हैं। ऐसे में अन्तरिक्ष की वैज्ञानिक सैर को सार्थक करवा पाने में प्रौद्योगिकी नवाचार कृत्रिम मेधा एक सफल और सार्थक मनीषी साधन साबित हो रही है। वैसे भी वर्तमान युग कलयुग है, जिसमें 'कल' का अर्थ है 'यन्त्र' या 'मशीन', अर्थात् कल-कारख़ानों, यन्त्रों, मशीनों पर आधारित अकल (अक्ल) वाला युग अथवा कृत्रिम मेधा वाला युग। सोचा जाये तो आज अन्तरिक्ष अन्वेषण सहित विभिन्न क्षेत्रों को सुदृढ़ बनाने की अपार क्षमता रखने वाली कृत्रिम मेधा एक नवीन प्रौद्योगिकी के रूप में उभरी है। यह विविध मशीनों और प्रणालियों को विकसित करने सम्बन्धी कम्प्यूटर विज्ञान की वह शाखा है जो वे सभी कार्य करने में सक्षम है, जिनके लिए सामान्य रूप से मानव बुद्धि की आवश्यकता होती है। मनुष्य अपनी बुद्धि के उपयोग से तर्क-वितर्क करता है, किसी विषय विशेष को सीखता समझता है और अन्ततः निर्णय लेते हुये किसी समस्या या कार्य का समाधान निकालता है। ठीक इसी तरह कृत्रिम मेधा विभिन्न मानवीय चुनौतियों से निपटने सहित अन्तरिक्ष अन्वेषण जैसे अवसरों को बढ़ाने में भी सहायक होती जा रही है।

क्या है कृत्रिम मेधा?

कृत्रिम मेधा में दो शब्द शामिल हैं, पहला कृत्रिम जिसका अर्थ है "मनुष्य द्वारा बनाया हुआ" और मेधा का अर्थ होता है "सोचने की शक्ति" या बुद्धिमत्ता। अतः इसका पूरा अर्थ हुआ "मनुष्य के द्वारा बनाई हुई बुद्धिमत्ता।" कृत्रिम मेधा का मुख्य उदेश्य दुनिया भर में बुद्धिमान मशीनों को विकसित करना है, जिससे मनुष्य के जीवन को और भी अधिक आसान और आरामदायक बनाया जा सके। कृत्रिम मेधा या आर्टिफ़िशियल इंटेलिजेंस की शुरुआत 1950 के दशक में हुई थी। इसके जनक जॉन मैकार्थी के अनुसार यह बुद्धिमान मशीनों, विशेष रूप से बुद्धिमान कम्प्यूटर

प्रोग्राम को बनाने का विज्ञान और अभियाँत्रिकी है अर्थात् यह मशीनों द्वारा प्रदर्शित की गयी बुद्धिमत्ता है। कृत्रिम मेधा उन मशीनों में मानव बुद्धि के अनुकरण को सन्दर्भित करती है, जिन्हें मनुष्यों की तरह सोचने और उनके कार्यों की नकल करने के लिए प्रोग्राम किया जाता है। कृत्रिम मेधा की तीन अवस्थाएँ परिकल्पित की गयी हैं, जो क्रमशः आर्टिफ़िशियल नैरो इंटेलिजेंस या कमज़ोर एआई, आर्टिफ़िशियल जनरल इंटेलिजेंस या स्ट्रांग या सशक्त एआई तथा आर्टिफ़िशियल सुपर इंटेलिजेंस हैं। आर्टिफ़िशियल नैरो इंटेलिजेंस आज उपयोग में आने वाला एआई का सबसे आम प्रकार है। यह उन प्रणालियों को सन्दर्भित करता है जिन्हें विशिष्ट कार्यों को करने या विशिष्ट समस्याओं को हल करने के लिए डिज़ाइन किया गया है। ये प्रणालियाँ अपनी क्षमताओं में सीमित हैं और केवल वे कार्य कर सकती हैं, जिन्हें करने के लिए उन्हें प्रोग्राम किया गया है। कम्प्यूटर में शतरंज का खेल, ट्रैफिक लाइट के सेंसर, स्मार्टफोन के स्मार्ट सेंसर, स्व-चालित कारें, चेहरे/छवि की पहचान और व्याख्या करने वाले सॉफ्टवेयर, वर्चुअल असिस्टेंट जैसे एप्पल का सिरि, अमेजन का एलेक्सा, माइक्रोसॉफ्ट का कोर्टाना, आदि आर्टिफ़िशियल नैरो इंटेलिजेंस के प्रचलित उदाहरण हैं। दूसरी अवस्था यानी आर्टिफ़िशियल जनरल इंटेलिजेंस उन प्रणालियों को सन्दर्भित करती है जो किन्हीं भी उन बौद्धिक कार्य को कर सकती हैं, जिन्हें मानव कर सकता है। इसे इस तरह भी कहा जा सकता है कि सशक्त कृत्रिम मेधा में विभिन्न स्थितियों के तदनुसार ज्ञान का सामान्यीकरण, परिवर्तन एवं अनुकूलन, किसी योजना विशेष के निर्माण के लिए ज्ञान और अनुभवों का उपयोग, रहस्यों को सुलझाना, जैसी अनेक मानवीय विशेषताएँ शामिल हैं। सशक्त एआई के उदाहरणों में साइबर सुरक्षा, उच्च बुद्धि वाले रोबोट, आईओटी (इंटरनेट ऑफ़ थिंग्स) में स्ट्रांग एआई का एकीकरण, भाषा अनुवाद मशीनें और छवि पहचान प्रणालियाँ शामिल हैं। आर्टिफ़िशियल सुपर इंटेलिजेंस उन प्रणालियों को सन्दर्भित करती है जो मानव बुद्धि को हर तरह से पार करते हैं और ऐसे कार्य कर सकते हैं जो वर्तमान में मनुष्यों के लिए असम्भव हैं। कृत्रिम मेधा की यह अवस्था अभी तक अस्तित्व में नहीं है, और इसके विकास को एक काल्पनिक भविष्य की घटना माना जाता है।

कृत्रिम मेधा के काम करने की प्रवृत्ति के लिए मशीन लर्निंग, डीप लर्निंग और नेचुरल लैंग्वेज प्रोसेसिंग क्रियाएँ काम करती हैं। मशीन लर्निंग का अर्थ होता है—'मशीन को सिखाना' इसे हिन्दी में 'यन्त्र शिक्षण' कहते हैं। इसमें मशीन को

एल्गोरिदम की सहायता से स्वयं सीखने की क्षमता प्रदान की जाती है। अत: मशीन या प्रणाली में कृत्रिम बुद्धि के लिए जितना डाटा भरा जाता है, वह उसी के उपयोग से मनुष्यों की तरह स्वयं सोच-समझकर और अनुभव के आधार पर काम करती है। डीप लर्निंग या गहन शिक्षण आर्टिफ़िशियल न्यूरल नेटवर्क पर आधारित है, जिसमें सीखने की क्षमता काफ़ी अधिक होती है। यह कम्प्यूटर को मानव मस्तिष्क से प्रेरित तरीक़े से डाटा प्रक्रियत करना सिखाती है। नेचुरल लैंग्वेज प्रोसेसिंग यानी एनयेलपी भी एक तरह की कृत्रिम मेधा है, जो एआई और भाषा विज्ञान को जोड़ती है। यह मनुष्यों को नेचुरल लैंग्वेज का उपयोग करके मशीन और रोबोट के साथ संवाद करने में सहायता करती है। गूगल वॉइस सर्च, नेचुरल लैंग्वेज प्रोसेसिंग का सबसे सरल उदाहरण है। कृत्रिम बुद्धिमत्ता के चार प्रकार माने गये हैं, जो पूर्णत: प्रतिक्रियात्मक, सीमित स्मृति, मस्तिष्क सिद्धान्त और आत्म-जागरूक हैं। विज्ञान जगत विभिन्न क्षेत्रों में कृत्रिम मेधा का उपयोग करने में संलग्न है। इसी सन्दर्भ में सोचा जाये तो कृत्रिम मेधा अपने समग्र रूपों में मानव को अन्तरिक्ष की सैर करवाने के लिए प्रतिबद्ध सी जान पड़ती है।

अन्तरिक्ष सैर के मायने

सामान्य व्यक्ति अन्तरिक्ष की सैर नहीं कर सकता, क्योंकि यह कोई साधारण सैर-सपाटा कदापि नहीं है। विभिन्न अन्तरिक्ष अन्वेषणों के सुखद परिणामों से प्रसन्न और गौरवान्वित अनुभव करना ही सही मायनों में मानव द्वारा की जा रही अन्तरिक्ष सैर है। अन्तरिक्ष अन्वेषण से तात्पर्य उन्नत अन्तरिक्ष प्रौद्योगिकी के माध्यम से बाह्य अन्तरिक्ष में आकाशीय पिंडों की निरन्तर खोज करने से है। बीसवीं सदी के पूर्वार्ध में अन्तरिक्ष के दूरबीनों द्वारा अध्ययनों और प्रौद्योगिकी के उपयोग से प्रारम्भ हुआ अन्तरिक्ष अन्वेषण का इतिहास आज कृत्रिम मेधा से काम करने वाले रोबोट द्वारा अन्तरिक्ष की खोज तक पहुँच चुका है। द्वितीय विश्व युद्ध के दौरान जर्मन वैज्ञानिक अक्टूबर 1942 में वी-2 रॉकेट का परीक्षण करते समय अन्तरिक्ष ए-4 में एक कृत्रिम वस्तु को रखने में सफल हुये थे। यह सफलता मानव की अन्तरिक्ष सैर के कौतूहल को आधार प्रदान करने का सम्बल बनी। युद्ध समाप्ति के पश्चात् अमेरिकी अन्तरिक्ष शोधकर्ताओं ने जर्मनी के रॉकेट की सहायता लेकर 10 मई 1946 को अमेरिका ने अपना पहला ब्रह्माण्डीय विकिरण प्रयोग करते हुये वी-2 रॉट लान्च किया। यह अन्तरिक्ष से पृथ्वी के फ़ोटो लेने का प्रथम सफल प्रयोग साबित हुआ। वर्ष 1947 में अन्तरिक्ष अन्वेषण को और विस्तार देते हुये इस यात्रा में दूसरे प्राणियों को पहले

प्रायोगिक तौर पर भेजने के निर्णय लिए गये। संयुक्त राज्य अमेरिका ने 20 फ़रवरी 1947 को अपने वी-2 नामक रॉकेट द्वारा न्यू मैक्सिको के व्हाइट सैंड्स मिसाइल रेंज से ड्रासोफिला यानि फल मक्खियों को अन्तरिक्षीय विकिरणों के प्रभावों को समझने के लिए अन्तरिक्ष में भेजा। ये मक्खियाँ 108 किमी तक गयी थीं और इनकी उड़ान सिर्फ़ 3 मिनट और 10 सेकंड की थी। ड्रोसोफिला की सफल अन्तरिक्ष सैर के बाद बन्दरों को भेजा जाना सुनिश्चित किया गया।

अमेरिका ने ही 14 जून 1949 को अन्तरिक्ष यात्रा के जैविक प्रभाव को समझने के उद्देश्य से अमेरिका ने अपने अल्बर्ट नामक मिशन के तहत रीसस प्रजाति के चार बन्दरों को अन्तरिक्ष की सैर करवाई थी, जिसमें एक बन्दर को छोड़कर कोई भी बन्दर अन्तरिक्ष में सफलतापूर्वक नहीं पहुँच पाया था। इस तरह यह मिशन असफल ही रहा था। इसके बाद तत्कालीन सोवियत संघ ने 15 अगस्त 1950 को और अमेरिका ने 31 अगस्त 1950 को चूहों को अन्तरिक्ष की सैर करवाने के प्रयास किये। लेकिन रॉकेट के विघटित हो जाने के साथ-साथ पैराशूट प्रणाली की विफलता के कारण दोनों देशों के सभी चूहों की मृत्यु हो गयी थी। इसके बाद अमेरिका और सोवियत संघ ने कई बार और भी चूहे अन्तरिक्ष में भेजे, पर हर बार असफलता ही हाथ आयी। बन्दरों और चूहों से निराश होने के बाद सोवियत संघ ने 22 जुलाई 1951 को 'टिसगन' और 'डिजिक' नामक दो श्वानों को आर-1 आईआईआईए-1 द्वारा अन्तरिक्ष की सैर के लिए भेजा, जो कक्षीय परिक्रमा किये बिना ही सफलतापूर्वक वापस आ गये थे। इसके बाद कई और प्राणी अन्तरिक्ष अन्वेषण हेतु मनुष्य द्वारा किये जाने वाले प्रयोगों के लिए अन्तरिक्ष में सैर करने लगे, कुछ वापस लौटे, तो कुछ वहीं से सीधे स्वर्ग चले गये। अन्तरिक्ष सैर पर गये प्राणियों में 'लाइका' 'बेल्का' और 'स्ट्रेलका' नामक श्वानों सहित कई और भी श्वान, 'गॉर्डो' और 'बेकर' नामक छोटे से गिलहरीनुमा बन्दर, 'ऐबल' नामक रीसस प्रजाति के बन्दर, 'सैम' नामक एक और बन्दर, एक खरगोश, कई चूहे, मेंढक, पौधे, 'हैम' नामक एक मादा चिंपांज़ी आदि शामिल रहे हैं। चिंपांजी के बाद अब बारी मनुष्य द्वारा अन्तरिक्ष की सैर करने की थी। वह दिन भी आ ही गया, जब 12 अप्रैल 1961 को 27 साल के सोवियत युवा यूरी गागरिन ने 'वोस्ताक-1' यान में बैठ कर अन्तरिक्ष में पृथ्वी की कक्षा में परिक्रमा पूरी की। यूरी ने पृथ्वी की कक्षा में 108 मिनट तक चक्कर लगाया। उन्होंने 203 मील की उँचाई पर 27000 किलोमीटर प्रतिघण्टे की तेज़ गति का सामना किया। सन् 1961 में ही एलन शेपर्ड अन्तरिक्ष में उड़ान भरने वाले पहले अमेरिकी बने। 20 फ़रवरी 1962 को, जॉन ग्लेन

की ऐतिहासिक उड़ान ने उन्हें पृथ्वी की कक्षा में जाने वाला पहला अमेरिकी बना दिया। इस तरह मानव की अन्तरिक्ष में सैर के युग की शुरुआत हो गयी।

अन्तरिक्ष अन्वेषण में कृत्रिम मेधा का संक्षिप्त इतिहास

अन्तरिक्ष अन्वेषण और कृत्रिम मेधा दोनों के इतिहास बीसवीं सदी के पचासवें दशक से शुरू होते हैं। आर्टिफ़िशियल इंटेलिजेंस के जनक जॉन मैकार्थी द्वारा सन् 1956 में आर्टिफ़िशियल इंटेलिजेंस पर डार्टमाउथ समर रिसर्च प्रोजेक्ट में आयोजित एक कार्यशाला में एआई का आधिकारिक तौर पर जन्म और नामकरण किया गया था। इसके पहले ही हालाँकि 1950 में, एक ब्रिटिश कम्प्यूटर वैज्ञानिक और गणितज्ञ ट्यूरिंग ने एक पेपर 'कंप्यूटिंग मशीनरी और इंटेलिजेंस' प्रकाशित किया था, जिसमें कृत्रिम सिस्टम नेटवर्क के विचार का प्रस्ताव रखा जो मानव मस्तिष्क में परस्पर जुड़े न्यूरॉन्स का अनुकरण कर सकता है। इसके अलावा, यह पेपर आम जनता के लिए ट्यूरिंग टेस्ट पेश करने के लिए जाना जाता है। उस दौर में जॉन मैकार्थी और एलन ट्यूरिंग के साथ-साथ मार्विन मिंस्की, एलन नेवेल और हर्बर्ट ए के नाम भी कृत्रिम बुद्धिमत्ता के संस्थापकों में गिने जाते हैं। जॉन मैकार्थी ने कृत्रिम मेधा को परिभाषित करते हुये कहा था कि यह बुद्धिमान मशीनों, विशेष रूप से बुद्धिमान कम्प्यूटर प्रोग्राम को बनाने का विज्ञान और अभियाँत्रिकी है अर्थात् यह मशीनों द्वारा प्रदर्शित की गयी इंटेलिजेंस है। जिस समय कृत्रिम मेधा का प्रादुर्भाव विज्ञान के क्षेत्र में हो रहा था, लगभग उसी कालखंड में 4 अक्टूबर 1957 को सोवियत संघ ने पहला कृत्रिम उपग्रह, स्पुतनिक 1, अन्तरिक्ष में भेजा था। वहीं पहला अमेरिकी उपग्रह, एक्सप्लोरर 1, 31 जनवरी 1958 को पृथ्वी कक्षा में भेजा गया। मानव की अन्तरिक्ष सैर और अन्वेषण के इतिहास के पन्ने लगातार बढ़ने लगे थे और 20 जुलाई 1969 को अमेरिकी यान अपोलो-11 ने सर्वप्रथम चन्द्रमा पर मानव क़दम रखने का कीर्तिमान रच दिया। सत्तर के दशक में यह सिलसिला लगातार जारी रहा।

वहीं अस्सी के दशकों में अन्तरिक्ष विज्ञान के क्षेत्र में स्थायी अन्तरिक्ष केन्द्रों की स्थापना और अन्तरिक्ष शटल के विकास सामने आए। यहाँ से अन्तरिक्ष शटलों का प्रयोग कई बार अन्तरिक्ष यात्रियों को अन्तरिक्ष में ले जाने के लिए किया जाता था। अस्सी के दशक में ही विकसित की गयी उपग्रह तकनीकी ने अन्तरिक्ष अन्वेषण क्षेत्र में स्थायी खगोलीय वेधशाला की स्थापना से लेकर वायेजर-2 नामक अन्तरिक्षयान के प्रक्षेपण की सफलताएँ अपने नाम कर लीं। इसी दौरान कृत्रिम मेधा भी अपने क्षेत्र

में विकसित होती जा रही थी। अमेरिकी अन्तरिक्ष एजेंसी नासा, यूरोपीय अन्तरिक्ष एजेंसी ईएसए और भारतीय अन्तरिक्ष एजेंसी इसरो जैसी दुनिया की लगभग सभी अन्तरिक्ष एजेंसियाँ अपने अन्तरिक्ष कार्यक्रमों में काफ़ी पहले से कृत्रिम मेधा का उपयोग करने लगी हुई हैं। कृत्रिम मेधा और अन्तरिक्ष अन्वेषण के सम्मिलन ने एक नये युग की शुरुआत की है जहाँ दोनों के संयुक्त रूप ने अन्तरिक्ष को समझने की मानवीय खोज को विस्तार दिया है। कुछ लोकप्रिय उदाहरणों के माध्यम से अन्तरिक्ष अन्वेषण में कृत्रिम मेधा के प्रयोग को आसानी से समझा जा सकता है। जैसे कि डीप स्पेस-1 अन्तरिक्ष अन्वेषण में कृत्रिम मेधा का पहला उपयोग कहा जा सकता है। डीप स्पेस 1 नासा के न्यू मिलेनियम कार्यक्रम के तहत प्रौद्योगिकी प्रदर्शन मिशनों की एक नयी श्रृंखला में पहला एक अमेरिकी उपग्रह है, जिसे 24 अक्टूबर, 1998 को लॉन्च किया गया था। इसका उद्देश्य भविष्य के गहरे अन्तरिक्ष और अन्तरग्रहीय मिशनों के लिए नयी प्रौद्योगिकियों का परीक्षण करना था। यह आयन इंजन का उपयोग करने वाला पहला अन्तरग्रहीय अन्तरिक्ष यान था, जिसमें स्वायत्त नेविगेशन और लघु कैमरे और इलेक्ट्रॉनिक्स शामिल थे। इसने अन्तरिक्षीय विफलताओं की जाँच करने के लिए रिमोट एजेंट एल्गोरिदम का उपयोग किया था। कृत्रिम मेधा का उपयोग वर्ष 2006 में स्टारडस्ट अन्तरिक्ष यान को नियन्त्रित करने के लिए भी किया गया था क्योंकि यह धूमकेतु वाइल्ड-2 से नमूने एकत्र करता था। अन्तरिक्ष यान के सॉफ्टवेयर ने धूमकेतु की पूँछ को नेविगेट करने और अन्तरिक्ष यान को नुक़सान पहुँचाए बिना नमूने एकत्र करने के लिए कृत्रिम मेधा का उपयोग किया था। सन् 2008 में केप्लर अन्तरिक्ष यान के सॉफ्टवेयर ने डेटा का विश्लेषण करने और केप्लर दृश्य क्षेत्र में एक्सोप्लैनेट की पहचान करने के लिए भी कृत्रिम मेधा का उपयोग किया।

इसी तरह मंगल ग्रह पर सोजॉर्नर से लेकर स्पिरिट, अपॉर्चुनिटी और क्यूरियोसिटी रोवरों और इंजेनुइटी हेलीकॉप्टर को नियन्त्रित करने के लिए कृत्रिम मेधा का उपयोग किया जाता है। इंजेनुइटी हेलीकॉप्टर का सॉफ्टवेयर मंगल ग्रह के वातावरण में नेविगेट करने और स्वायत्त उड़ानें करने के लिए कृत्रिम मेधा का उपयोग करता है। इन रोवरों के सॉफ्टवेयर ने मंगल ग्रह की सतह पर नेविगेट करने और नमूनों की पहचान और उनको एकत्र करने तथा अन्य प्रयोग करने के लिए कृत्रिम मेधा का उपयोग किया है। बृहस्पति ग्रह और उसके चन्द्रमाओं का अध्ययन करने के लिए 5 अगस्त 2011 को नासा द्वारा भेजे गये और 5 जुलाई 2016 को बृहस्पति तक पहुँचने

में सफल रहे जूनो नामक अन्तरिक्ष यान को नियन्त्रित करने के लिए भी कृत्रिम मेधा का उपयोग किया जा रहा है। जूनो में लगे सॉफ्टवेयर द्वारा बृहस्पति के वायुमण्डल को नेविगेट करने और ग्रह के वायुमण्डल और आन्तरिक भाग पर डेटा एकत्र करने में कृत्रिम मेधा महत्त्वपूर्ण भूमिका निभा रही है। नासा के ही पारगमन एक्सोप्लैनेट सर्वेक्षण उपग्रह ट्रांजिटिंग एक्सोप्लैनेट सर्वे सैटेलाइट (टीईएसएस) से प्राप्त डेटा का विश्लेषण करने के लिए कृत्रिम मेधा का उपयोग किया जा रहा है। यह अन्तरिक्ष यान 18 अप्रैल 2018 को स्पेसएक्स फाल्कन 9 लॉन्च वाहन पर लॉन्च किया गया था, जिसमें कृत्रिम मेधा आधारित चार संवेदनशील कैमरे काम करते हैं। अपनी कृत्रिम मेधा के बल पर दो साल के सर्वेक्षण में तारों वाले आकाश के लगभग 75 प्रतिशत हिस्से की इमेजिंग करके टीईएसएस ने लगभग 2,100 एक्सोप्लैनेट खोज डाले हैं। अन्तरिक्ष अन्वेषण में इसी कृत्रिम मेधा की सहायता से नासा यह पुष्टि कर पाया है कि सौर मण्डल के अलावा भी अन्तरिक्ष में 5000 ऐसे ग्रह हैं, जिनकी पहचान की जा चुकी है। इनमें से क़रीब 200 ग्रह पृथ्वी के जैसे हैं।

यह साफ़ समझ में आने लगा है कि अन्तरिक्ष मिशनों को क्रियान्वित करने के लिए केवल मानवीय मेधा पर निर्भर नहीं रहा जा सकता, बल्कि कृत्रिम मेधा (एआई) अन्तरिक्ष अन्वेषण में एक युगपरिवर्तक साबित हुई है। अन्तरिक्ष में अज्ञात आकाशगंगाओं, सितारों, कृष्ण विवरों यानी ब्लेक होलों की खोज से लेकर अनन्त ब्रह्माण्डीय घटनाओं के अध्ययन करने, संचार, स्वायत्त स्टारक्राफ्ट नेविगेशन, निगरानी और प्रणाली नियन्त्रण जैसे समस्त कार्यों को बड़ी निपुणता के साथ कृत्रिम मेधा ने निर्वहन किया है। अत: भविष्य के अन्तरिक्ष अभियानों में कृत्रिम मेधा के तेज़ी से महत्त्वपूर्ण भूमिका निभाने की आशा जताई जा रही है।

अन्तरिक्ष अन्वेषण में कृत्रिम मेधा के उपयोग

एक समय था, जब अन्तरिक्ष अन्वेषण के लिए भेजे जाने वाले अभियानों में कृत्रिम मेधा का उपयोग अपनी प्रौद्योगिकीय क्षमता के प्रदर्शन के लिए किये जाते थे। लेकिन कृत्रिम मेधा के निरन्तर प्रयोगों ने अन्तरिक्ष वैज्ञानिकों को उसके उपयोग के लिए बाध्य सा कर दिया है। यही कारण है कि आज हर अन्तरिक्ष मिशन बिना कृत्रिम मेधा के सम्भव ही नहीं है। अन्तरिक्ष के विशाल और अप्रत्याशित विस्तार को देखते हुये, कृत्रिम मेधा का समस्या-समाधान और डेटा विश्लेषण कौशल अमूल्य साबित होता जा रहा है। यह वास्तविक समय निर्णय लेने में सहायता करने, मानवीय त्रुटियों को काफ़ी कम कर सकने और समग्र अन्तरिक्ष मिशन के सार्थक प्रदर्शन को

प्रोत्साहित करने में सहायक हो रही है। कृत्रिम मेधा का उपयोग अन्तरिक्ष अन्वेषण के विभिन्न क्षेत्रों में किया जा रहा है, जिनमें शामिल कुछ अतिमहत्त्वपूर्ण कार्यों को आइए विस्तार से समझते हैं।

उपग्रह संचालन

कृत्रिम मेधा उपग्रहों के संचालन के तरीक़ों में क्रान्ति ला रही है। यह उपग्रह संचालन के प्रबन्धन के लिए अधिक कुशल, निपुण, अत्याधुनिक और तीव्र समाधान प्रदान कर रही है। उदाहरण के तौर पर यदि इस कार्य को समझा जाये तो, एक निजी अमेरिकी एयरोस्पेस निर्माता और अन्तरिक्ष परिवहन सेवा कम्पनी स्पेस एक्सप्लोरेशन टेक्नोलॉजीज कॉर्पोरेशन अर्थात् स्पेसएक्स अपने नेविगेशन उपग्रहों को कक्षा में दूसरों के साथ टकराव से बचने में मदद करने के लिए कृत्रिम मेधा-संचालित एल्गोरिदम का उपयोग करती है। यह सम्भावित ख़तरनाक युद्धाभ्यास की पहचान करने और स्थगित करने जैसी किन्हीं कार्रवाइयों को करने के लिए एल्गोरिदम उपग्रह के सेंसर से उसकी स्थिति और वेग सहित डेटा के संयोजन का उपयोग करती है। उपग्रह का ऑनबोर्ड कम्प्यूटर तब नियन्त्रण लेता है और आसन्न टकराव से बचने के लिए उपग्रह की गति और दिशा को समायोजित करता है। इसी तरह विश्व की दूसरी लगभग सभी अन्तरिक्ष एजेंसियाँ भी अपने-अपने उपग्रह संचालनों में कृत्रिम मेधा युक्त एल्गोरिदम का सहारा ले रही हैं। ऐसा करने से कृत्रिम मेधा उपग्रहों को उनकी उचित कक्षाओं में ले जाने की प्रक्रिया को अनुकूलित कर सकती है, जिससे आवश्यक ईंधन कम हो जाता है और वांछित कक्षीय स्थिति प्राप्त करने के लिए आवश्यक अवधि कम हो जाती है।

डेटा संग्रहण एवं विश्लेषण

अन्तरिक्ष यानों में प्रयुक्त कृत्रिम मेधा के माध्यम से अब डेटासेट और मानचित्र बनाना सम्भव हो पा रहा है। इसका कारण यह है कि कृत्रिम मेधा सामान्य और असामान्य दोनों मौसम प्रवृत्तियों और ज्वालामुखीय जैसी घटनाओं को खोजकर वर्गीकृत कर सकने की भी क्षमता रखती है। कृत्रिम मेधा स्वयं संचालित प्रक्रियाओं द्वारा गहरे अन्तरिक्ष निरीक्षणों, पृथ्वी-अवलोकन अन्तरिक्ष यानों और रोवर्स जैसे वैज्ञानिक मिशनों से बड़ी मात्रा में एकत्रित डेटा को अनुकूलित करने में सहायक हो सकती है। यह इस डेटा का मूल्यांकन करने और इसे अन्तिम उपयोगकर्ताओं तक वितरित करने में भी सहायता करती है। सामान्यतौर पर वैज्ञानिकों को यह

पता लगाने में मुश्किल आ सकती है कि प्रसंस्करण के लिए कौन से डेटासेट को अन्तिम-उपयोगकर्ताओं को भेजने की आवश्यकता है? इसमें कृत्रिम मेधा तकनीक महत्त्वहीन डेटा को कम या समाप्त कर सकती है, जिससे बड़ी मात्रा में डेटा संचारित करते समय नेटवर्क अधिक कुशलता से काम कर पायें। इसके अलावा कृत्रिम मेधा अन्तरिक्ष मिशनों द्वारा भारी मात्रा में एकत्र किये गये डेटा, जैसे चित्र, सिग्नल, स्पेक्ट्रा या टेलीमेट्री का विश्लेषण करने में भी बहुत सहायक हो सकती है। मनुष्यों की तुलना में कृत्रिम मेधा द्वारा डेटा को तेज़ी से और अधिक सटीक रूप से संसाधित किया जा सकता है। कृत्रिम मेधा एल्गोरिदम का उपयोग उपग्रहों और अन्तरिक्ष वेधशालाओं द्वारा एकत्रित डेटा और खींची गयी छवियों की अधिक सटीक और कुशल व्याख्या एवं विश्लेषण करने के लिए किया जाता है। इससे आकाशीय पिंडों की पहचान करने और उनके गुणों के बारे में जानने-समझने में सहायता मिलती है। प्राय: मशीन लर्निंग एल्गोरिदम द्वारा उपग्रहों, जाँच और अन्य अन्तरिक्ष अन्वेषण उपकरणों से डेटा में पैटर्न की पहचान करने में सहायता मिल सकती है। यह तो भलीभाँति ज्ञात ही है कि उपग्रह भारी मात्रा में डेटा उत्पन्न करते हैं। उदाहरण के लिए मैक्सार टेक्नोलॉजीज, कोलोराडो की एक अन्तरिक्ष तकनीक कम्पनी के पास छवि डेटा में 110 से अधिक पेटाबाइट हैं, जो एक दिन में 80 से अधिक टेराबाइट्स जोड़ती है। एआई एल्गोरिदम इस डेटा को कुशलतापूर्वक संसाधित करने में सहायता करते हैं। मशीन लर्निंग एल्गोरिदम वास्तविक समय में परिवर्तनों का विश्लेषण करते हुये, सेकंड में लाखों छवियों का अध्ययन कर सकता है। यूके में लीड्स विश्वविद्यालय के शोधकर्ताओं ने ईएसए के गाइया उपग्रह द्वारा एकत्र की गयी छवियों का विश्लेषण किया और डेटा पर मशीन लर्निंग तकनीक लागू की, जिसमें 2,000 से अधिक नये प्रोटोस्टार पाये गये, जो गैस और धूल के बादलों में बनने वाले शिशु तारे हैं। अत: कृत्रिम मेधा के साथ इन प्रक्रियाओं को स्वचालित करने से उपग्रहों को स्वतन्त्र रूप से छवियाँ लेने की अनुमति मिलती है, जब सेंसर विशिष्ट संकेतों का पता लगाते हैं। इससे उन विसंगतियों का पता लगाया जा सकता है जो सम्भावित खोजों या जोखिमों का संकेत देती हैं। उदाहरण के लिए, नासा के केप्लर अन्तरिक्ष दूरबीन ने उनके पारगमन संकेतों का पता लगाकर नये एक्सोप्लैनेट की खोज करने के लिए तन्त्रिका नेटवर्क पर आधारित कृत्रिम मेधा प्रणाली का उपयोग करते हैं। इस तरह कृत्रिम मेधा अन्तरिक्ष डेटा प्रवृत्तियों की पहचान करने और पारम्परिक डेटा विश्लेषण विधियों की तुलना में पूर्वानुमानित विश्लेषण और पूर्वानुमान के माध्यम से अधिक विस्तृत जानकारी प्रदान करने में भी सहायक हो सकती है। अन्तरिक्ष अन्वेषण में एक तरफ़ कृत्रिम मेधा द्वारा

उपग्रह संचालन और रॉकेट लैंडिंग प्रक्रियाओं में सहायता के लिए बड़ी मात्रा में डेटा का विश्लेषण किया जाता है, वहीं दूसरी ओर इन्हीं जानकारियों का उपयोग उन सम्भावित समस्याग्रस्त स्थानों को इंगित करने के लिए भी किया जा सकता है जिनके लिए निवारक रखरखाव की आवश्यकता होती है।

मिशन योजना और संचालन

वैज्ञानिक और इंजीनियर अन्तरिक्ष मिशन की योजनाबद्ध तैयारी के लिए अब कृत्रिम मेधा से काम करने लगे हैं। इसका कारण यह है कि अन्तरिक्ष मिशन के लिए एक जटिल योजना की आवश्यकता होती है, जिसमें बड़ी संख्या में जनशक्ति की आवश्यकता होती है। कृत्रिम मेधा पिछले मिशनों और सिमुलेशन से बड़ी मात्रा में डेटा का उपयोग करके अन्तरिक्ष मिशनों को अधिक कुशलतापूर्वक और प्रभावी ढंग से डिजाइन और योजना बनाने में सहायता कर सकती है। कृत्रिम मेधा प्रक्षेपण तिथि, प्रक्षेपवक्र, पेलोड और बजट जैसे मिशन मापदण्डों को भी अनुकूलित कर सकती है। उदाहरण के लिए, ईएसए ने एमईएलआईईएस नामक एक एआई सिस्टम विकसित किया है जो आनुवंशिक एल्गोरिदम का उपयोग करके इंटरप्लेनेटरी प्रक्षेप पथ को डिजाइन करने में मिशन विश्लेषकों की सहायता कर सकता है। इस तरह कृत्रिम मेधा के उपयोग से अन्तरिक्ष मिशन को पिछले डेटा और पर्यावरण के आधार पर विशिष्ट कार्यों के अनुसार निष्पादित करने के तरीक़े को स्वायत्त रूप से निर्धारित करने के लिए प्रोग्राम किया जा सकता है। कृत्रिम मेधा अन्तरिक्ष अभियानों में स्वायत्त संचालन में भी काफ़ी सहायक साबित हुई है। एक इतालवी स्टार्ट-अप व्यवसाय एआईकेओ ने एमआईआरएजीई एआई सिस्टम विकसित किया, जो अन्तरिक्ष अभियानों में संचालन को सक्षम करने के लिए एक सॉफ्टवेयर लाइब्रेरी है। यह ईएसए के तकनीकी हस्तान्तरण कार्यक्रम का एक भाग भी है। यह अन्तरिक्ष यान को स्वायत्त पुनर्योजना बनाने और आन्तरिक और बाहरी दोनों घटनाओं का पता लगाने की अनुमति देता है, जिससे यह उचित कार्रवाई कर सके और ज़मीनी स्तर पर निर्णय लेने से मिशन के उद्देश्यों पर असर न पड़े। कृत्रिम मेधा और मशीन लर्निंग के साथ परिचालन जोखिम विश्लेषण का मूल्यांकन करना और सुरक्षा-महत्त्वपूर्ण मिशन निर्धारित करना भी सम्भव है। इस स्थिति में जोखिम शमन प्रणाली सामान्य संचालन और पिछले प्रदर्शन से बड़ी मात्रा में डेटा संसाधित कर सकती है। जोखिम वर्गीकरण की पहचान करने के लिए एक मॉडल शिक्षण के बाद कृत्रिम मेधा वास्तविक समय जोखिम मूल्यांकन कर सकती है।

अन्तरिक्ष संचार

कृत्रिम मेधा अन्तरिक्ष यान और पृथ्वी के बीच या अन्तरिक्ष यानों के मध्य संचार को बेहतर बनाने में सहायता कर सकती है। कृत्रिम मेधा संचार के लिए आवेष्ट विशदता यानी बैंडविड्थ, आवृत्ति, शक्ति या मॉड्यूलेशन को अनुकूलित कर सकती है। आवेष्ट विशदता किसी दिये गये बैंड के भीतर आवृत्तियों की सीमा, विशेष रूप से जो एक संकेत संचारित करने के लिए उपयोग की जाती है। कृत्रिम मेधा त्रुटियों या हस्तक्षेप का पता लगाकर और उसे ठीक करके संचार लिंक की सुरक्षा और विश्वसनीयता भी बढ़ा सकती है। उदाहरण के लिए, नासा का डीप स्पेस नेटवर्क डीप स्पेस नेटवर्क नाउ नामक एक एआई सिस्टम का उपयोग करता है जो संचार एँटेना की स्थिति और उपलब्धता की निगरानी और भविष्यवाणी कर सकता है।

रॉकेट लैंडिंग

कृत्रिम मेधा का उपयोग कई अन्तरिक्ष एजेंसियाँ अपने रॉकेट लैंडिंग को सरल व सहज बनाने के लिए भी कर रही हैं। उदाहरण के तौर पर स्पेसएक्स अपने द्वारा विकसित सभी रॉकेटों के संचालन के तरीक़े में सतत सुधार और संशोधन कर रहा है। वह रॉकेट के सेंसर और टेलीमेट्री सिस्टम से डेटा की निगरानी और विश्लेषण करने के लिए कृत्रिम मेधा का उपयोग करता है, जिससे बेहतर निर्णय लेने और रॉकेट के प्रक्षेपवक्र और गति पर अधिक सटीक नियन्त्रण की अनुमति मिलती है। स्पेसएक्स रॉकेट लैंडिंग प्रक्रिया के कुछ पहलुओं को स्वचालित करने के लिए भी कृत्रिम मेधा का उपयोग करता है, जैसे इंजन और लैंडिंग गियर को नियन्त्रित करने और रॉकेट उतरने के लिए इष्टतम स्थिति को सुनिश्चित करने के लिए इसका उपयोग किया जा रहा है।

तारों एवं आकाशगंगाओं का मानचित्रण

गैलेक्सी और स्टार मॉडलिंग के लिए वैज्ञानिक कृत्रिम मेधा एल्गोरिदम के माध्यम से तारों और आकाशगंगाओं के डेटा में पैटर्न ढूँढ़कर उनकी पहचान करते हुये उनको वर्गीकृत कर सकते हैं। ये एल्गोरिदम खगोलविदों को अन्तरिक्ष में सितारों और आकाशगंगाओं की सटीक पहचान करने और यहाँ तक कि उनके भौतिक गुणों (जैसे द्रव्यमान और आयु) को समझने में भी सहायता करते हैं। खगोलविद् इस जानकारी का उपयोग अभूतपूर्व स्पष्टता के साथ ब्रह्माण्ड का मानचित्र तैयार

करने के लिए कर सकते हैं। खगोलविद् अब एआई-आधारित एल्गोरिदम के बल पर ब्रह्माण्ड का अभूतपूर्व विस्तार से मानचित्रण कर रहे हैं। इसके अलावा वे समय के साथ सितारों और आकाशगंगाओं के व्यवहार की भविष्यवाणी करने के लिए कृत्रिम मेधा का लाभ उठाते हुये अमूल्य अन्तर्दृष्टि प्राप्त कर सकते हैं, जिनका उपयोग भविष्य में अन्तरिक्ष मानचित्रण और अन्वेषण प्रयासों के लिए किया जा सकता है।

ग्रहीय भूविज्ञान अध्ययन

कृत्रिम मेधा का उपयोग करके वैज्ञानिक अब ग्रहों और चन्द्रमाओं की भूवैज्ञानिक विशेषताओं जैसे क्रेटर, ज्वालामुखी और सतह आदि का पता लगाकर वर्गीकृत कर सकते हैं। एआई तकनीक का उपयोग ग्रहों की सतहों के विस्तृत त्रिविमीय मॉडल तैयार करने के लिए भी किया जा सकता है, जो वैज्ञानिकों को किसी ग्रह या चन्द्रमा के पर्यावरण और इतिहास को बेहतर ढंग से समझने में सहायता कर सकता है।

अन्तरिक्ष यान और रोवरों की स्वायत्तता

कृत्रिम मेधा में पृथ्वी से मानव हस्तक्षेप या संचार पर विश्वास किये बिना अन्तरिक्ष यान को स्वायत्त रूप से संचालित करने में सक्षम बनाने का सामर्थ्य है। विशेष रूप से गहरे अन्तरिक्ष अभियानों के लिए कृत्रिम मेधा का उपयोग अधिक मायने रखता है। एआई सिस्टम अन्तरिक्ष यान को पृथ्वी से निर्देशों की प्रतीक्षा किये बिना महत्त्वपूर्ण वास्तविक समय पर निर्णय लेने में सक्षम बना सकता है। कृत्रिम मेधा अन्तरिक्ष यान को नेविगेट करने, बाधाओं से बचने, बदलते परिवेश के अनुकूल ढलने या आपात स्थिति का जवाब देने में मदद कर सकती है। कृत्रिम मेधा वाले रोवर के सेंसर चट्टानों, गड्ढों और अन्य विशेषताओं जैसे पर्यावरणीय ख़तरों का पता लगा सकते हैं। फिर वे आगे का सर्वोत्तम रास्ता निर्धारित करने के लिए डेटा का विश्लेषण करते हैं। यह सुनिश्चित करता है कि रोवर टकराव के किसी भी जोखिम के बिना सुरक्षित रूप से गुज़र सकता है। उदाहरण के लिए, नासा का मंगल 2020 रोवर परसेवेरेंस सहित अन्य सभी स्वायत्त रोवर्स ऑटोनॉमस एक्सप्लोरेशन फॉर गैदरिंग इनक्रीस्ड साइंस (एईजीआईएस) नामक एआई प्रणाली और मंगल ग्रह की सतह की छवियों का विश्लेषण करने और उसके अनुसार अपनी लैंडिंग स्थिति को समायोजित करने के लिए टेरेन-रिलेटिव नेविगेशन नामक एआई प्रणाली का उपयोग करते हैं। फलतः नासा के मार्स रोवर्स मंगल ग्रह के कठिन इलाक़ों को पार कर

सकते हैं, नमूने एकत्र कर सकते हैं और डेटा को पृथ्वी पर वापस भेज सकते हैं। मार्स एक्सप्लोरेशन रोवर और क्यूरियोसिटी जैसे रोवर दस वर्षों से अधिक समय से मंगल की सतह पर पूरी तरह से स्वायत्त नेविगेशन ड्राइव कर रहे हैं। इनके अलावा, वर्ष 2022 में लॉन्च किया गया एक्सोमार्स रोवर भी मंगल ग्रह पर जीवन के संकेतों की खोज के लिए कृत्रिम मेधा का उपयोग कर रहा है। शनि के चन्द्रमा टाइटन पर ड्रैगनफ्लाई हेलीकॉप्टर स्वायत्त रूप से उड़ान भरने और चन्द्रमा की सतह का पता लगाने के लिए कृत्रिम मेधा पर आधारित है। भारतीय अन्तरिक्ष अनुसन्धान संगठन, इसरो ने भी अपने चन्द्रयान मिशनों से जुड़े लैंडर और रोवर में चन्द्रमा से संचार करने के लिए एआई तकनीक का उपयोग किया है, जिसे आईआईटी कानपुर के शोधकर्ताओं द्वारा विकसित किया गया है। कृत्रिम मेधा-संचालित रोवर्स और लैंडर्स के उपयोग ने खगोलीय पिंडों पर वैज्ञानिक जाँच करने की मानवीय क्षमता में क्रान्ति ला दी है।

अन्तरिक्ष यात्री सहायक या रोबोनॉट

कृत्रिम मेधा का बिल्कुल ताज़ा उपयोग एआई-संचालित, सहानुभूतिपूर्ण रोबोटिक सहायकों को बनाने के प्रयासों में देखा जा रहा है। इससे मिशनों में लम्बी अन्तरिक्ष यात्रा में चालक दल की ज़रूरतों को समझने और भविष्यवाणी करने और अन्तरिक्ष यात्रियों की भावनाओं को समझने में इन सहायकों की सहायता ली जा सकेगी। इस तरह कृत्रिम मेधा से सम्पन्न रोबोनॉट अन्तरिक्ष यात्रियों को अन्तरिक्ष यान या अन्तरिक्ष स्टेशन पर विभिन्न कार्य करने में मदद कर सकता है, जैसे निगरानी प्रणाली, उपकरणों को नियन्त्रित करना, प्रयोग करना या सहयोग प्रदान करना। रोबोनॉट को न्यूरल लैंग्वेज प्रोसेसिंग (एनयेलपी) द्वारा विकसित किया जा रहा है। रोबोनॉट भावना विश्लेषण टेक्स्ट डेटा जैसे समीक्षाओं, फ़ोरम, सोशल मीडिया आदि से राय निकालेगा और पहचानेगा। ये सहायक मानसिक स्वास्थ्य और भावनाओं को समझने के साथ-साथ चालक दल की ज़रूरतों को समझेंगे और अनुमान लगायेंगे ताकि आपातकालीन स्थिति में कार्रवाई की जा सके। रोबोनॉट भौतिक कार्यों जैसे डॉकिंग, अन्तरिक्ष यान नेविगेशन आदि में भी सहायक हो सकते हैं। उदाहरण के लिए, आईबीएम ने जर्मन अन्तरिक्ष एजेंसी डीएलआर और एयरबस के साथ साझेदारी में क्रू इंटरएक्टिव मोबाइल कम्पेनियन या संक्षेप में सीआईएमओएन साइमन बनाया है। साइमन एक कृत्रिम मेधा वाला गोलाकार रोबोट है, जो अन्तर्राष्ट्रीय अन्तरिक्ष स्टेशन पर अन्तरिक्ष यात्रियों के साथ बातचीत कर सकता है।

कभी-कभी जब अन्तरिक्ष यात्री लम्बी अवधि के मिशन पर निकलते हैं, तो उन्हें संचार में देरी का सामना करना पड़ता है, जिससे आपात स्थिति के मामले में और दिन-प्रतिदिन की मिशन सम्बन्धी गतिविधियों में तत्काल सहायता प्रदान करने के लिए मिशन नियन्त्रण में बाधा आती है। ऐसे में साइमन जैसे अन्तरिक्ष यात्री सहायक का महत्त्व बहुत बढ़ जाता है। साइमन न केवल अन्तरिक्ष यात्रियों की छोटी-बड़ी सभी प्रक्रियाओं में सहायता कर सकता है, बल्कि वह प्रश्नों का उत्तर दे सकता है, या संगीत सुना सकता है। नवीनतम संस्करण साइमन-2 अन्तरिक्ष यात्री की भावनाओं का आकलन और प्रतिक्रिया कर सकता है। एक अन्य उदाहरण रोबोनॉट है, एक ह्यूमनॉइड रोबोट जो ख़तरनाक या नियमित मिशनों में अन्तरिक्ष यात्रियों के साथ या उनके स्थान पर काम कर सकता है। इसरो द्वारा विकसित व्योम्नॉइड भी 3डी दृष्टि, शून्य गुरुत्वाकर्षण में गतिशील रूप से नियन्त्रित गतिशीलता और आर्टिफ़िशियल इंटेलिजेंस/मशीन लर्निंग द्वारा प्रदान किये गये दृष्टि अनुकूलन और मार्ग नियोजन एल्गोरिदम का उपयोग करके वास्तविक समय में निर्णय लेने के साथ पूर्ण स्वायत्तता प्रदान करता है।

कुशल नेविगेशन प्रणाली

इंटेल के सहयोग से, नासा के शोधकर्ताओं की एक टीम ने 2018 में कृत्रिम मेधा पर आधारित एक कुशल नेविगेशन प्रणाली विकसित की। यह प्रणाली ग्रहों का पता लगाने के लिए एआई का उपयोग करती है, और आभासी चन्द्रमा मानचित्र बनाने के लिए मॉडल को कई मिशनों से लाखों फोटो के लिए प्रशिक्षित किया गया था। यूके अन्तरिक्ष एजेंसी ने भी स्वायत्त प्रणालियाँ विकसित की हैं जो उसके अन्तरिक्ष यान और उपग्रहों को अन्तरिक्ष मलबे से बचने के लिए स्वायत्त कार्रवाई करने की अनुमति देती हैं।

अन्तरिक्ष मलबा हटाना

कृत्रिम मेधा उस अन्तरिक्ष मलबे की समस्या को कम करने में मदद कर सकती है, जो पृथ्वी की परिक्रमा करने वाली निष्क्रिय या परित्यक्त वस्तुएँ हैं। निकट भविष्य में अन्तरिक्ष मलबा परिचालित अन्तरिक्ष यानों के लिए ख़तरा पैदा कर सकता है। कृत्रिम मेधा रडार या ऑप्टिकल डेटा का उपयोग करके अन्तरिक्ष मलबे को ट्रैक और सूचीबद्ध करने में सहायता कर सकती है। या फिर यह रोबोटिक हथियारों या जालों का उपयोग करके अन्तरिक्ष मलबे को हटाने या डीऑर्बिट करने के लिए

मिशन को डिजाइन और नियन्त्रित करने में भी मदद कर सकती है। उदाहरण के लिए, ईएसए का ई डीऑर्बिट मिशन एक एआई सिस्टम का उपयोग करने की योजना बना रहा है जो रोबोटिक आर्म का उपयोग करके एक परित्यक्त उपग्रह को स्वायत्त रूप से पकड़ सकता है।

खगोलजीवविज्ञान यानी एस्ट्रोबॉयलॉजी

कृत्रिम मेधा बायोसिग्नेचर या बायोमार्कर का उपयोग करके पृथ्वी से परे जीवन के संकेतों को खोजने में मदद कर सकती है, जो जीवित जीवों या उनके उत्पादों की उपस्थिति का संकेत देते हैं। कृत्रिम मेधा उनकी भौतिक और रासायनिक विशेषताओं का विश्लेषण करके रहने योग्य ग्रहों या चन्द्रमाओं की पहचान कर सकती है। स्पेक्ट्रोस्कोपी या माइक्रोस्कोपी तकनीकों का उपयोग करके, यह सम्भावित जीवन रूपों का पता लगाने में भी सहायक हो सकती है। उदाहरण के लिए, नासा ने ड्रैगनफ्लाई मिशन द्वारा शनि के चन्द्रमा टाइटन पर ड्रोन जैसे रोटरक्राफ्ट को उड़ाने और प्रीबायोटिक रसायन विज्ञान के संकेतों के लिए नमूने एकत्र करने के लिए कृत्रिम मेधा प्रणाली का उपयोग करने की योजना बनाई है। अलौकिक जीवन की खोज में एआई का उपयोग का एक और उदाहरण एसईटीआई संस्थान द्वारा विकसित एआई एल्गोरिदम है, जो मीथेन की उपस्थिति के लिए एक्सोप्लैनेट के वायुमण्डल का विश्लेषण कर सकता है, जो एक सम्भावित बायोसिग्नेचर है।

निष्कर्ष

आधुनिक अन्तरिक्ष अन्वेषण युग में ज्ञान की खोज में कृत्रिम बुद्धिमत्ता एक ऐसा अपरिहार्य उपकरण बनती जा रही है, जो ब्रह्माण्ड के बारे में मानव की समझ में क्रान्ति ला रही है और वैज्ञानिकों को अभूतपूर्व खोजों की ओर प्रेरित कर रही है। अन्तरिक्ष अन्वेषण का भविष्य असीमित सम्भावनाएँ रखता है और कृत्रिम बुद्धिमत्ता उस भविष्य को आकार देने में केन्द्रीय भूमिका निभाने के लिए तैयार है। इस तरह अन्तरिक्ष अन्वेषण के भविष्य के लिए कृत्रिम बुद्धिमत्ता के निहितार्थ बड़े गहरे हैं। प्रत्येक नयी खोज के साथ मानव ब्रह्माण्ड के रहस्यों और उसके भीतर अपने स्थान को जानने के निकट पहुँचता जा रहा है। कृत्रिम बुद्धिमत्ता और अन्तरिक्ष अन्वेषण के संयोजन के माध्यम से मानव अन्तरिक्ष की एक मनोरम सैर पर निकल पड़ा है।

सन्दर्भ

1. Anastassov, A. (2021). Artificial intelligence and its possible use in international nuclear security law. In: Humanities and Social Sciences, 8, 92-103.
2. Antonia Russo and Gianluca Lax Using Artificial Intelligence for Space Challenges: A Survey Appl. Sci. 2022, 12(10).
3. Chien, S., Doyle, R., Davies, A. G., Jonsson, A., & Lorenz, R. (2006). The future of AI in space. IEEE Intelligent Systems, 21(4), 64-69.
4. Daniela, G., Dario, I. (2007). Artificial intelligence for space applications, Intelligent Computing Everywhere, 235-253.
5. Editorial Published : 23 March 2023 Space missions out of this world with AI Nature Machine Intelligence volume 5, page183 (2023)
6. Gao, Y.; Chien, S. Review on space robotics : Toward top-level science through space exploration. Sci. Robot. 2017, 2, eaan5074.
7. Fourati, F.; Alouini, M.S. Artificial intelligence for satellite communication : A review. Intell. Converg. Netw. 2021, 2, 213–243.
8. Meß, J.G.; Dannemann, F.; Greif, F. Techniques of artificial intelligence for space applications—A survey. In European Workshop on On-Board Data Processing (OBDP2019); European Space Agency : Paris, France, 2019.
9. Kua, J.; Loke, S.W.; Arora, C.; Fernando, N.; Ranaweera, C. Internet of Things in Space : A Review of Opportunities and Challenges from Satellite-Aided Computing to Digitally-Enhanced Space Living. Sensors 2021, 21, 8117.
10. Rybus, T. (2018). Obstacle avoidance in space robotics : Review of major challenges and proposed solutions. Progress in Aerospace Sciences, 101, 31-48.
11. Soroka, L., & Kurkova, K. (2019). Artificial intelligence and space technologies : legal, ethical and technological issues. Advanced Space Law, 3(1), 131-139.
12. Williams, M., & Braddock, M. (2019). AI case studies : potential for human health, space exploration and colonisation and a proposed superimposition of the kubler-ross change curve on the hype cycle. Stud Humana, 8(1), 3-18.

स्वास्थ्य एवं चिकित्सा-क्षेत्रों में कृत्रिम मेधा के अनुप्रयोग

—अस्मिता छाबड़ा

प्रस्तावना

बढ़ती जनसंख्या के बीच दूरदराज के इलाक़ों तक प्रत्येक व्यक्ति को उपयुक्त चिकित्सा एवं स्वास्थ्य सेवाएँ पहुँचाना बहुत ही महत्त्वाकांक्षी और दुष्कर काम है। सौभाग्य से कृत्रिम मेधा के नयी प्रौद्योगिकियों के साथ समन्वय से अब इस जटिल समस्या का समाधान नज़र आने लगा है। लेख में चिकित्सा एवं स्वास्थ्य सेवा के विभिन्न अयामों जैसे-नयी औषधियों का विकास, स्वमॉनीटरनकारी एवं स्वनियामक स्वास्थ्य, युक्तियों, रोग नैदानिकी, रोबॉटीय शल्य-चिकित्सा, टेलिमेडिसिन तथा रोबॉटीय चिकित्सा सेवा आदि में कृत्रिम मेधा के अनुप्रयोगों पर चर्चा की गयी है तथा इनके कुछ व्यावहारिक उदाहरणों का भी उल्लेख किया गया है। भारत में अनुप्रयोगों के विकास पर कोई विशेष प्रयास अभी नहीं हुये हैं किन्तु विदेशों में विकसित अनुप्रयोगों को प्रयोग में लाने की जो कोशिश हो रही है इनकी चर्चा की गयी है।

सभी सन्दर्भ अंग्रेज़ी के हैं और इनको यथावत ही उद्धृत किया गया है ताकि पुन:प्राप्ति में कठिनाई न हो। हिन्दी में कोई भी योग्य सन्दर्भ कोशिश करने पर भी देखने में नीं आया।

कृत्रिम मेधा के अनुप्रयोग जीवन के प्रत्येक क्षेत्र में अपनी छाप छोड़ रहे हैं और स्वास्थ्य एवं चिकित्सा का क्षेत्र भी इससे अछूता नहीं है। कृत्रिम मेधा के हस्तक्षेप के कारण चिकित्सा जगत का परदृश्य तेज़ी से बदल रहा है और आने वाले कुछ ही वर्षों में डॉक्टरों के साथ उनके विभिन्न कार्यों में सहायता के लिए उपस्थित

रोबोटों एवं मेधावी मशीनों को देखना एक आम बात हो जायेगी। जिन स्वास्थ्य एवं चिकित्सा सेवाओं में कृत्रिम मेधा ने अपनी चमकदार प्रविष्टि दर्ज करा दी है उनमें से कुछ का संक्षिप्त विवरण निम्नवत है :

1. नयी औषधियों का विकास (Development of New Medicines)

किसी भी रोग की नयी औषधि की पहचान और विकास का प्रक्रम अत्यन्त जटिल होता है और इसमें बहुत समय लगता है, क्योंकि, बार-बार जाँच कर कई चरणों में उसकी प्रभावकता सुनिश्चित करनी होती है। किन्तु मशीन अधिगम (ML) एवं स्वाभाविक भाषा प्रक्रमन (NLP) जैसी कृत्रिम मेधा तकनीकों का उपयोग करने से डेटा के विशाल परिमाण का विश्लेषण अधिक दक्षता, यथार्थता एवं तीव्रता से किया जा सकता है, इसलिए नयी औषधि के विकास और उसकी गुणवत्ता सुनिश्चित करने में सहायता मिलती है। कृत्रिम मेधा विधियों का प्रयोग करके नयी औषधि के कोई दुष्प्रभाव अगर होंगे तो उनके विषय में भी सम्यक जानकारी प्राप्त की जा सकेगी।

मशीन अधिगम एल्गोरिदम, उन पैटर्नों और प्रवृत्तियों की भी पहचान करने में समर्थ होते हैं जो मानव अन्वेषकों की दृष्टि से छूट जाते हैं और इसलिए कृत्रिम मेधा के प्रयोग से सृजित जैव-सक्रिय यौगिकों (Bioactive compounds) के पार्श्व प्रभाव (Side Effects) न के बराबर रखे जा सकते हैं और इस तरह कृत्रिम मेधा भेषज अन्वेषकों को अधिक प्रभावी और सुरक्षित औषधियों के द्रुततर, कम ख़र्चीले एवं कम श्रमसाध्य औषधि खोज प्रक्रम प्रदान करती है। उदाहरण के लिए, आर. गुप्ता आदि ने सभी ज्ञात कैंसर-सम्बद्ध यौगिकों और कैंसर कोशिकाओं पर उनके प्रभावों से संबंधित विशाल डेटा पर गहन अधिगम (DL) एल्गोरिदम अपनाया और प्राप्त निष्कर्षों के आधार पर भावी कैंसर उपचार के लिए नयी सम्भावित औषधियों के सुझाव दिये और इस प्रकार विभिन्न रोगों के उपचार के लिए नयी सम्भावित औषधियों के निर्माण का प्रक्रम प्रस्तुत किया। हाल ही में मशीन अधिगम (ML) एल्गोरिदम का प्रयोग करके प्रोटीन एमईके को निरोधित करने वाले लघु अणुओं की पहचान की गयी। यह विधि भी कैंसर के विरुद्ध युद्ध को सबल बनाने की एक कारगर जुगत है। एमईके को लक्ष्य बना कर भी कैंसर का प्रभावी उपचार किया जा सकता है लेकिन एमईके को निरुद्ध करने वाले अणुओं का विकास भी कोई आसान काम नहीं है। अलझीमर रोग के विकास में एक प्रोटीन बीटा सीक्रिटेस (BACEI)

शामिल होती है। मशीन अधिगम एल्गोरिदम का प्रयोग करके कुछ नये BACEI निरोधी अणुओं की खोज की गयी है, जो कम से कम अलझीमर रोग बढ़ने से तो रोक ही सकते हैं।

नये एंटीबायोटिकों के विकास में भी कृत्रिम मेधा के प्रयोग से सहायता मिल रही है। एक अग्रणी मशीन अधिगम का उपभोग करके करोड़ों यौगिकों के विभिन्न बैक्टीरियाओं पर प्रभावों का अध्ययन करके अनेक नये एँटीबायोटिकों की पहचान की जा रही है।

कोविड-19 के प्रतिरोध के लिए औषधि एवं उपचार ढूँढ़ने में भी कृत्रिम मेधा प्रक्रमों का व्यापक प्रयोग किया गया था।

2. स्वमॉनीटरन एवं स्वनियमनकारी स्वास्थ्य युक्तियाँ (Self-Monioring and Self Regulating Health Devices)

जैसे-जैसे समाज में वृद्धों की संख्या बढ़ रही है स्वास्थ्य सेवाओं की माँग भी बढ़ रही है और इसलिए सेवाएँ महँगी होती जा रही हैं और अस्पतालों में इनकी व्यवस्था करना कठिन होता जा रहा है। कृत्रिम मेधा नें सुदूर रोगी मॉनीटरन प्रणाली (Remote Patient Monitoring System अथवा आरपीएमएस) द्वारा इस समस्या के हल का एक समाधान प्रस्तुत किया है। आरपीएमएस में इलेक्ट्रॉनिक द्वारा चिकित्सकीय डेटा रोगी के घर में रिकॉर्ड किया जाता है और फिर तत्काल उसे डॉक्टर को भेज दिया जाता है। इससे चिकित्सकीय परामर्श की गति बढ़ जाती है, सेवा अधिक प्रभावी और कम ख़र्चीली हो जाती है।

कुछ दीर्घकालिक (chronic) रोगों में लगातार मॉनीटरन और सम्बद्ध अंगों के प्रकार्य का नियमन एक साथ किया जा सकता है। उदाहरण के लिए इंसुलिन पम्पों को मधुमेह प्रकार-2 के रोगी के शरीर में लगाकर रक्त में इंसुलिन के परिणाम को आवश्यकतानुसार नियन्त्रित किया जा सकता है, और इस प्रकार रक्त में शर्करा का परिणाम सन्तुलित बनाये रखा जा सकता है।

मोटापे की समस्या के हल के लिए ली जाने वाली कैलोरी और ख़र्च की जाने वाली कैलोरी का सन्तुलन बनाना पड़ता है। इसके लिए अत्यन्त सरल कृत्रिम मेधा एल्गोरिदमों का प्रयोग करके विकसित अनुप्रयोग अब हमारे मोबाइलो तक में उपलब्ध होने लगे हैं। आप कितने क़दम चले हैं और उससे कितने कैलोरी ऊर्जा ख़र्च हुई यह जानकारी बस एक बटन दबा कर अपको सहज ही प्राप्त हो सकती है।

कृत्रिम मेधायुक्त घड़ी या पेंडेंट आदि के रूप में पहने जा सकने वाली युक्तियों का उपयोग करके अब रोगी के स्वास्थ्य प्राचलों (Health parameters) का सतत रिकार्ड रखना सम्भव हो गया है और इन प्राचलों में यदि कोई चेतावनी परक मान आये तो उसकी जानकारी भी तुरन्त रोगी या चिकित्सक को प्राप्त हो जाती है।

3. रोग नैदानिकी (Medical Diagnostics)

रोग, रोगी की दशा अथवा रोग की अवस्था पहचानने का प्रक्रम रोग नैदानिकी कहलाता है। इसके लिए रोग के लक्षणों पूर्व चिकित्सा के इतिहास आदि का सहारा लिया जाता है। अपने में नाड़ी परीक्षा द्वारा रोगनिदान की व्यवस्था है। आधुनिक चिकित्सा पद्धति में, वैज्ञानिक रूप से शरीर के ताप, रक्तचाप तथा मल, मूत्र, रक्त आदि कें विभिन्न प्रकार के परीक्षणों के अतिरिक्त अन्तरांगों के कई प्रकार के चित्र लेकर उनके आधार पर रोग निदान और चिकित्सा क्रम सुनिश्चित किया जाता है। वे आधुनिक निदान विधियाँ न केवल रोग की अवस्था का ठीक-ठीक निर्धारण करने में व्यक्ति की सहायता करती हैं, रोग की रोकथाम और उपचार की प्रभावकता के आकलन में भी उसका मार्गदर्शन करती है। कृत्रिम मेद्य के प्रयोग ने इन विधियों की दक्षता तथा आकलन की गति और यथार्थता में अप्रतिम वृद्धि की हैं। कृत्रिम मेधा के एल्गोरिदम चिकित्सीय प्रतिबिम्बों (एक्स-रे, एमआरआई, अल्ट्रासाउंड, सीटी स्कैन, एवं डीएक्सए आदि) का विश्लेषण कर सकते हैं और रोग उपचारकों को अधिक तेज़ी से तथा यथार्थतापूर्वक रोग और उसकी अवस्था के सुनिश्चित संकेत देते हैं। रोगी के द्विविमीय एवं त्रिविमीय प्र तिबिम्बनों, जैव सिग्नलों (ईसीजी, ईईजी, ईएमजी एवं ईएमआर आदि), जीवन संकेतों के आँकंडों (ताप, नाड़ी स्पंदन-दर, श्वसन-दर, रक्त-चाप आदि), जन सांख्यिकीय जानकारी, पूर्व में हुये उपचारों का इतिहास, प्रयोगशालीय परीक्षणों (रक्त, मल,मूत्र आदि की जाँच) से प्राप्त विशाल और जटिल डेटा का विश्लेषण करके कृत्रिम मेधा चिकित्सक को बेहतर नैदानिक निष्कर्षों पर पहुँचने तथा रोग के लक्षणों एवं कारणों को गहराई से समझने में सहायता करती है। बहु-स्रोतीय आँकड़ों के संयोजन से प्राप्त होने के कारण एक ओर जहाँ निदान के ग़लत होने की सम्भावना बहुत कम रह जाती है वहीं दूसरी ओर रोगी की स्वास्थ्य अवस्था का एक अधिक सम्पूर्ण चित्र प्राप्त होता है। इससे स्वास्थ्य सेवा प्रदायक रोगी के स्वास्थ्य में होते सुधार पर अधिक बारीकी से निगाह रख सकता है और सटीक जानकारी के आधार पर बेहतर उपचार एवं सेवाएँ प्रदान कर सकता है।

इस प्रकार, कृत्रिम मेधायुक्त वैज्ञानिक उपकरणों का प्रयोग करके रोग की प्राथमिक अवस्था में ही उसे पहचाना जा सकता है जिससे कि बहुत बढ़ जाने से पहले ही उसका उपचार किया जा सकता है। ऐसे उपकरणों की सहायता से असाध्य रोगों का भी दीर्घकालिक प्रबन्धन एवं सम्यक उपचार करना सम्भव हो जायेगा।

आने वाले समय में कृत्रिम मेधायुक्त नैदानिक उपकरणों के प्रयोग से तुरन्त-फुरत रोग का सही निदान और उपचार सम्भव हो जायेगा। इसलिए, स्वास्थ क्षेत्र के विभिन्न अयामों में कृत्रिम मेधा के अनुप्रयोगों पर अनुसन्धान जारी है।

सामान्य कृत्रिम मेधा (GAI) की संकल्पना का प्रयोग गूगल के डीप माइंड (Deep Mind), आईबीएम के वाटसन (Watson) तथा ओपन एआई के डीप क्यू. ए. (Deep Q.A.) जैसी कम्पनियों द्वारा विभिन्न प्रकल्पों के लिए किया जा रहा है। क्वांटम ऑप्टीमाइजेशन प्रक्रम अपने एल्गोरिदमों के द्वारा चिकित्सा नैदानिकी में निर्णय लेने के प्रक्रमों का आदर्शीकरण कर रहा है और क्वांटम कम्प्यूटरों के विकास के साथ ही यह अधिकाधिक बेहतर होता जायेगा।

4. रोबोटीय शल्य-चिकित्सा (Robotic Surgery)

जब शरीर के किसी अंग में कोई असाध्य व्याधि अतिक्रमण करने लगती है चिकित्सक के पास उस अंग को काट कर शरीर से अलग कर देने के अतिरिक्त कोई विकल्प शेष नहीं रह जाता। आधुनिक चिकित्सा पद्धतियों में इस प्रक्रिया को, जिसे शल्य-चिकित्सा कहते हैं सर-अंजाम देने के लिए अनेक औजारों और तकनीकों का विकास किया गया है। इनमें सर्वाधिक आधुनिक और सुरक्षित, कम कष्टकर और भविष्य के लिए अनन्त सभावनाओं से परिपूर्ण विधि रोबोटीय शल्य-चिकित्सा है।

आधुनिक रोबोटीय शल्य-चिकित्सा पद्धति में एक ऐसे कृत्रिम मेधा सम्पन्न स्वचालित शल्य-चिकित्सा तन्त्र का प्रयोग किया जाता है जिसमें कम से कम चीरफाड़ और अल्प रक्त-स्राव के साथ एकदम सटीक शल्यिक्रया सम्भव हो सकती है।

पहला रोबोटीय शल्य-चिकित्सा तन्त्र प्यूमा (PUMA) 500 था जिसका विकास 1985 में मस्तिष्क स्टीरियो टैक्सिस (Stereotaxic) शल्यक्रियाओं के लिए किया गया था। फिर 1988 में, मूत्रमार्ग (urethra) के परे प्रॉस्टेट ग्रन्थि की शल्यक्रिया के लिए प्रोबोट (PROBOT) तथा 1992 में उर्वास्थि (femur) गुहिका के सम्पाक (preparation) के लिए रोबो डॉक (ROBODOC) अस्तित्व में आया। 1990 के

दशक में, अनुरूदरदर्शी (Laparoscopic) शल्यक्रिया के प्रवर्तन के साथ न्यूनतम चीर-फाड़ युक्त शल्य क्रियाओं का विकास हुआ जिनमें कृत्रिम मेधा के अनुप्रयोग से बहु-उद्देशीय रोबोटीय शल्यक्रिया तन्त्र विकसित किये गये। ऐसे तीन तन्त्र विकसित किये गये : इंट्यूयूटिव सर्जिकल इन्कॉर्पोरेशन द्वारा द' विंची सर्जिकल सिस्टम तथा कम्प्यूटर मोशन द्वारा ज्यूस एवं ईसप (बाद में ज्यूस का निर्माण बन्द कर दिया गया तथा ईसप का अधिग्रहण इंस्टीटयूटिव सर्जिकल इन्कॉर्पोरेशन द्वारा कर लिया गया और अज द' विंची सर्जिकल सिस्टम ही रोबोटीय शल्य क्रियाओं के लिए विश्व भर में प्रयोग में लाया जाने वाला लोकप्रिय सिस्टम है। अलग-अलग प्रकार की शल्य-चिकित्साओं के लिए इसके चार भिन्न-भिन्न मॉडल उपलब्ध है, यें हैं : द' विंची एसआई, द' विंची एक्स, द' विंची एक्स आई एवं द' विंची एस पी।

द' विंची शल्यक्रिया तन्त्र के चार प्रमुख घटक होते हैं :

1. **शल्य-चिकित्सकीय कंसोल** (The Surgeon Console) **:** जो शल्य चिकित्सक को रोबोटीय तन्त्र और रोगी से जोड़ता है। इसमें एक उत्कृष्ट रूप से सुस्पष्ट प्रतिबिम्ब दर्शाने वाला पर्दा और तालमेल के साथ द्रुत गति से कार्य करने वाले अनेक हस्तचालित नियन्त्रक लगे होते हैं जिनकी सहायता से चिकित्सक रोबोट भुजाओं एवं औजारों को संचालित करके शल्यक्रिया निष्पादित करता है।
2. **शल्य-चिकित्सा मेज** (The Patient Cart) **:** एक आरामदेह मेज़ होती है जिसमें रोगी को आराम के साथ निश्चल लिटाने की व्यवस्था तथा रोबोटीय भुजाएँ एवं शल्य-चिकित्सा के औजार व्यवस्था के साथ लगे होते हैं। कंसोल में लगे नियन्त्रकों की सहायता से चिकित्सक रोबोटीय भुजाओं एवं औजारों को संचालित करता है।
3. **दृष्टि माध्यम व्यवस्था** (The Vision Cart) **:** इस भाग में तन्त्र के सभी घटकों को परस्पर जोड़ने की व्यवस्था होती है। सर्जन कंसोल एवं रोगी की साइड में लगी कार्ट के यन्त्र इसके माध्यम से परस्पर जोड़े जाते और उत्कृष्ट चित्र खींचने वाले कैमरों तथा शल्यक्रिया जिस अंग पर की जानी है उसके एवं उसके परिवेश के त्रि-आयामी चित्र दर्शाने वाले पर्दे को शक्ति भी इसी के माध्यम से प्राप्त होती है।
4. **शल्यक्रिया में काम आने वाले औजार** (Endo wrist Surgical Instruments) **:** प्रत्येक रोबोटी भुजा में शल्य-चिकित्सा में काम आने वाले औजारों को बदल-बदल कर लगाया जा सकता है। रोबोटी भुजाएँ

और इसमें लगे औज़ार ठीक उसी तरह चलते हैं जैसे चिकित्सक का हाथ। बल्कि, चिकित्सक का हाथ तो काँप भी सकता है किन्तु रोबोटी भुजा दृढ़ता से अपना काम करती है। चिकित्सक क्योंकि शल्य-चिकित्सागत अंग और उसके परिवेश के त्रि-आयामी चित्र देख कर भुजाओं को संचालित करता है और रोबोटी भुजा अधिक छोटे कोण पर घूम सकती है इसलिए उसकी दक्षता बढ़ जाती है।

रोबोटी शल्यक्रिया में क्योंकि आन्तरिक अंगों की चिकित्सा के लिए सिर्फ़ भुजाओं, औजारी, प्रकाश स्रोतों और कैमरों को अन्दर भेजने के लिए छोटे-छोटे छेद करने होते हैं इसलिए किसी भी प्रकार की जटिलता की सम्भावना कम हो जाती है, स्वास्थ्य लाभ अधिक तेज़ी से होता है और बेहतर परिणाम प्राप्त होते हैं। कृत्रिम मेधा के प्रयोग से, क्योंकि, कैंसर कोशिकाओं को सामान्य कोशिकाओं से अलग करके स्पष्ट रूप से पहचाना जा सकता है इसलिए किसी भी अंग के कैंसरी ऊतकों की शल्यचिकित्सा के लिए रोबोटीय शल्यचिकित्सा विशेष उपयोगी है।

5. **टेलिमेडिसिन** (Telemedicine) **अथवा रिमोट हैल्थ** (Remote Health) **:** मानवता की एक बड़ी समस्या दूर दराज के स्थानों तक प्रत्येक व्यक्ति के लिए प्रभावी स्वास्थ्य सेवाएँ उपलब्ध कराना है। किन्तु अस्पताल बनाना और चलाना एक जटिल काम है और इन्हें स्थापित करने में बहुत पैसा ख़र्च होता है। दूसरी ओर स्वास्थ्य सेवा प्रदाताओं आदि का प्रशिक्षण बहुत दीर्घकालीन, विशेषज्ञता निहित और धन की माँग करने वाला प्रक्रम है। प्रशिक्षण के बाद स्वास्थ्य सेवा प्रदाता भी दूर-दराज के इलाक़ों–गाँव, पहाड़ों आदि में जाकर सेवा करने से बचते हैं। ऐसे में कृत्रिम बुद्धि का अनुप्रयोग करके विकसित टेलिमेडिसिन पद्धति ने इस समस्या के समाधान का एक प्रभावी हल प्रस्तावित किया है।

टेलिमेडिसिन दो दूरस्थ स्थानों के बीच चिकित्सकीय जानकारी के आदान-प्रदान द्वारा रोगी के स्वास्थ्य स्तर में सुधार के प्रक्रम का नाम है। इस पद्धति में एक केन्द्रीय अस्पताल में सब प्रकार के विशेषज्ञ और चिकित्सकीय सुविधाएँ जुटाई जाती हैं और इलेक्ट्रॉनिक रिकार्ड रखने की व्यवस्था की जाती है। इंटरनेट सेवाएँ प्रयोग करके अस्पताल के परित: एक विशेष क्षेत्र में बसने वाले लोग मोबाइल फ़ोन द्वारा दूर बैठे अस्पताल में अपना पंजीकरण करा सकते हैं। रोग के विशेषज्ञ प्रत्येक रोगी से वीडियो कॉन्फ्रेंसिंग के जरिये उसके रोग का विवरण जान सकते हैं। आवश्यकता

हो तो वे उनके कुछ स्वास्थ्य प्राचलों के माप भी तत्काल पाठ देने वाली, धारणीय युक्तियों के प्रयोग द्वारा जान लेते हैं। प्राप्त डेटा का न केवल एक डिजिटल रिकॉर्ड अपने आप बन जाता है उसके आधार पर रोग निदान कर आवश्यक निर्देश भी रोगी के लिए तैयार हो जाते हैं जो चिकित्सक रोगी को समझा देता है।

टेलिमेडिसिन के प्रयोग से रोगी अपने घर की सुविधाओं के बीच रहते हुये सर्वोत्तम चिकित्सकीय परामर्श प्राप्त कर सकता है इससे उसके अस्पताल आने-जाने में लगने वाला समय और ख़र्च बचता है तथा परिवार जनों को काम से छुट्टी नहीं लेनी पड़ती; अस्पताल में भीड़ कम होती है और केवल बड़े निदानों, शल्यचिकित्सा एवं अन्य विशिष्ट उपचारों के लिए ही अस्पताल जाने की आवश्यकता रह जाती है; उपचार की गुणवत्ता बढ़ जाती है और रोगी अपने रोग के अनुसार विशेषज्ञ एवं विशेष चिकित्सा सेवा युक्त अस्पताल का चयन कर सकता है; दूर दराज के इलाक़ों में भी सेवाएँ प्राप्त की जा सकती है तथा संक्रमण के ख़तरे कम होते हैं।

स्पष्ट है कि टेलिमेडिसिन सुविधाओं के लिए मोबाइल एवं इंटरनेट सेवाओं की उपलब्धता अनिवार्य होगी और अस्पतालों में इनके उपयोग के लिए विशेष कम्प्यूटरों आदि की व्यवस्था करनी होगी। बहुत लोगों को लगता है कि टेलिमेडिसिन के प्रसार से चिकित्सा सेवाकर्मियों की आवश्यकता कम हो जायेगी लेकिन ऐसा नहीं है उन्हें एक अन्य प्रकार की विशेषज्ञता प्राप्त कर्मियों की अधिक आवश्यकता होने लगेगी। हाँ तन्त्र को दक्ष बनाने के लिए आदर्श कार्य-व्यवहार संहिता बनानी तो होगी ही।

भारत में ऑन लाइन चिकित्सकीय परामर्श सुविधा तो अब आम हो चली है लेकिन पूर्ण टेलिमेडिसिन सेवाएँ प्रदान करने वाली संस्थाओं की संख्या अभी विश्वस्तर पर भी कम ही है। भारत में टेलिमेडिसिन सेवाएँ प्रदान करने वाली कुछ प्रमुख संस्थाएँ हैं :

(i) **टाटा 1 एमजी :** ऑन लाइन औषधि एवं स्वास्थ्य सेवाएँ प्रदान करने वाली भारत की सर्वप्रमुख कम्पनी है। इसके द्वारा प्रदान की जाने वाली सेवाओं में शामिल है : विभिन्न औषधि निर्माताओं की औषधियों को ऑन लाइन ऑर्डर पर घर पहुँचाने की व्यवस्था, घर बैठे प्रयोगशाला परीक्षण व्यवस्था, ई-परामर्श, औषधियों सम्बन्धी ज्ञान और उनके जेनरिक नाम आदि की जानकारी देना।

(ii) **एमफाइन प्रा.लि. :** कृत्रिम मेधा आधारित जब चाहो जैसी चाहो वैसी सेवा प्रदान करने वाला यह स्टार्ट-अप Mfine app के माध्यम से रोगियों को अस्पतालों से जोड़ता है और उन्हें स्वास्थ्य

सेवाएँ, टेलिमेडिसिन सेवाएँ और टेलीपरामर्श सेवाएँ प्राप्त करने में सहायता करने के अतिरिक्त चिकित्सकीय जानकारी भी मुहैया कराता है।

(iii) **प्लम टेलिहेल्थ :** प्लम इंश्योरेंस द्वारा विकसित प्लम टेलिहेल्थ एप्प चौबीसों घण्टे उच्च गुणवत्ता का चिकित्सकीय परामर्श घर बैठे प्राप्त करने की सुविधा प्रदान करता है।

(iv) **फार्मेसी :** 1931 में स्थापित यह कम्पनी ई-फार्मेसी के अतिरिक्त ई-परामर्श, स्वास्थ्य जाँच आदि की सुविधा प्रदान करती है।

(v) **प्रेक्टो टेक्नोलॉजीज :** रोगियों को चिकित्सकों, चिकित्सा सेवियों एवं अस्पतालों से जोड़ने वाला 20 से अधिक भाषाओं में देश के लगभग सभी राज्यों में काफ़ी प्रभावी टेलिमेडिसिन का मंच है।

6. **रोबोटीय चिकित्सा सेवी** (Robotic Medical Assistants) **:** मशीनें, मानव की अपेक्षा अधिक गति, दक्षता और संगतिपूर्णता के साथ काम करती हैं जब तक कि उनको प्रदान की जाने वाली उर्जा में कोई व्यवधान न आये या उनके किसी पुर्जे में दोष न उत्पन्न हो जाये। कृत्रिम मेधा ने जब से मशीनों में निर्णय लेने की क्षमता विकसित कर दी है और तरह-तरह की संवेदी युक्तियाँ, खोज ली गयी हैं यह माना जाने लगा है कि मशीनें वह सब कार्य करने में समर्थ हो सकती हैं जो मानव कर सकते हैं, और इसलिए विभिन्न चिकित्सा सेवाओं के लिए रोबो विकसित किये जाने लगे हैं। ऐसे कुछ रोबोटीय सेवा-कर्मियों का संक्षिप्त विवरण नीचे दिया गया है :

(i) **शल्य-चिकित्सकीय रोबोट** (Surgery रोबोट) **:** शल्यचिकित्सा कक्ष में शल्य-चिकित्सकीय रोबोट शल्य-चिकित्सक के निर्देशानुसार जटिल शल्य प्रक्रमों को परिशुद्धता के साथ निष्पादित करता है। रीढ़ की हड्डी, कैंसर और विसंपीड़न शल्यकमों में इनके प्रयोग के परिणाम उत्साहवर्धक हैं।

(ii) **रेडियोथैरेपी के लिए रोबोट** (Robot for Radiotherapy) **:** रोबोटी भुजा आसानी से उपचार काउच पर लेटे रोगी की स्थिति को आवश्यकतानुसार परिवर्तित करते हुये रेडियोथैरेपी उपचार प्रदान कर सकती है इसलिए पूरे शरीर के विभिन्न स्थानों के ट्यूमरों को परिशुद्धता और दक्षता के साथ उचित तीव्रता के विकिरण देते हुये उपचरित किया जा सकता है।

(iii) **पुनार्वास सहायक रोबोट** (Rehabilitation Robot) **:** विभिन्न अभ्यासों द्वारा शरीर को सहज स्वाभाविक रूप से काम करने की क्षमता प्रदान करने के लिए अनेक प्रकार की रोबोटीय युक्तियाँ विकसित की गयी हैं। ऐसी पहली युक्ति 1910 में थियोडोर बुडिन्जेन द्वारा हृदय रोगियों को बचाने में सहायता करने वाली एक युक्ति थी। ऐसी ही एक युक्ति सतत अक्रिय गति (CPA) के सिद्धान्त पर आधारित एक युक्ति है जिसमें रोगी आराम करता है केवल उसके शरीर का एक भाग वांछित क्रम में गति करता रहता है। चाल-ढाल (gait) सुधार के लिए भी ऐसी ही एक युक्ति विकसित की गयी है। इन कृत्रिम मेधा आधारित युक्तियों ने न केवल फिजियोथिरेपिस्टों का बोझ कम किया है ये नियन्त्रित क्रमबद्ध वांछित गति से दोहराये जाने वाले प्रशिक्षण की सुविधा और रोगी की अवस्था में सुधार के परिमाणात्मक आकलन में भी सहायता प्रदान करती है।

(iv) **प्रयोगशाना रोबोट** (Laboratory Robot) **:** बार-बार दोहराये जाने वाले कार्यों को करना हो या प्रयोगशालीय प्रक्रमों को स्वचालित बनाना हो तो प्रयोगशाला रोबोटों की सहायता ली जाती है। प्राय: उन कार्यों को करने में भी रोबोटों का प्रयोग किया जाता है जिनमें मानवों के लिए घातक रसायनों या पदार्थों का प्रयोग किया जाता है।

(v) **रोबोटीय कृत्रिम अंग** (Robotic Prosthetics) **:** हाल ही में बाज़ार में अस्थि-पेशी-तन्त्रिका युक्त ऐसे कृत्रिम अंग आये हैं जो हूबहू सामान्य अंगों की तरह कार्य करते हैं। इन्हें हड्डियों पर जड़ कर इनके विद्युदाग्रों से पेशियों और तंत्रिकाओं को जोड़ दिया जाता है और ये एक समतल में प्रभावी रूप से संचालित किये जा सकते हैं। एक्सो बायोनिक्स, सारकोस रोबोटिक्स, रिवाक रोबोटिक्स और सिनक्रोन कुछ कम्पनियाँ हैं जो रोबोटीय कृत्रिम अंग बनाती हैं। लेकिन अभी इनकी क़ीमत बहुत ज़्यादा होती है।

(vi) **अस्पताल सेवाकर्मी** (Hospital Robots) **:** अस्पतालों में रोगी के रोज़मर्रा के कार्यें, जैसे—दवाई देना, खाना देना, नमूने लेना, आदि को करने के लिए तथा साफ-सफाई और बिसंक्रमण सेवाओं के लिए आजकल अस्पतालों में रोबोटों का प्रयोग बढ़ने लगा है। इससे न

केवल ये काम समय पर, कम समय में और बेहतर ढंग से हो जाते हैं कर्मचारियों के रोगकारी संक्रमणों के सम्पर्क में आने की आवश्यकता भी कम हो गयी है।

(vii) **सामाजिक रोबोट** (Social Robot) **:** अस्पताल में रोगियों, विशेषकर बच्चों और वृद्धों के मनोरंजन के लिए, उन्हें प्रोत्साहित करने और प्रेरणा देने के लिए, उनसे कुछ शारीरिक क्रियाएँ कराने के लिए उन्हें निर्देशित करने और करके दिखाने आदि की संज्ञानात्मक सहायता प्रदान करने हेतु मानव जैसे दिखाई पड़ने वाले रोबोट का निर्माण शुरू हो गया है।

स्वास्थ्य क्षेत्र में प्रचलित कृत्रिम मेधा के अनुप्रयोगों के कुछ लोकप्रिय उदाहरण

(i) (Linus Health), बोस्टन, मैस्साचुसेट्स ने मस्तिष्क स्वास्थ्य की जाँच के लिए डीसीटी क्लॉक (DCT Clock) नाम की एक प्रौद्योगिकी विकसित की है जिसके द्वारा व्यक्ति के 50 संज्ञानात्मक प्राचलों का अध्ययन करके उसके मस्तिष्क में होने वाले दोषों की प्राथमिक स्थिति में ही पहचान की जा सकती है।

(ii) (viz.ai), सानफ्रांसिस्को, कैलिफोर्निया ने ऐसे कृत्रिम मेधा सम्पन्न स्वास्थ्य सेवा समाधान प्रस्तुत किये हैं जिनके द्रुत निर्देशों का अनुपालन करके उपचार की गति बढ़ाई जा सकती है और रोगी की जान बचाई जा सकती है।

(iii) (Path AI), बोस्टन, मैस्साचुसेट्स ने रोगविज्ञानियों को अधिक सही रोग-निदान करने में सहायता देने के लिए मशीन अधिगम विधि विकसित की है।

(iv) (Regard), लॉस ऐन्जेनेस, कैलिफोर्निया ने क्लिनिकल को-पायलट (clinical co-pilot) नाम का एक ऐसा स्वचालित तन्त्र विकसित किया है जो इलेक्ट्रॉनिक मेडिकल रिकॉर्ड को संश्लेषित करके निदानात्मक निष्कर्ष निकालता है, रोगी के स्वास्थ्य सेवा सम्बन्धी आवश्यक निर्देश देता है और स्वत: प्रभाव से रिकॉर्ड को अद्यतन कर देता है।

(v) (Buoy Health), बोस्टन, मैस्साचुसेट्स ने एक ऐसा कृत्रिम मेधा

अनुप्रयोग विकसित किया है जिसमें चैटबोट (chat bot) पर रोगी के लक्षणों और स्वास्थ्य सरोकारी को सुनकर रोग निदान किया जाता है और फिर उपचार के लिए उपयुक्त निर्देश दिये जाते हैं।

(vi) (Enlitic), कॉलिन्स, कोलोरैडो का गहन अधिगम प्लेटफॉर्म विकिरण चिकित्सा विज्ञान का प्रयोग करके प्राप्त डेटा को सरेखित करता है और रक्तपरीक्षणों, इकेजी (EKG), जीनोमिकी, रोगी के चिकित्सकीय इतिहास आदि से प्राप्त असंरचित डेटा के साथ इसे मिलाकर किये गये विश्लेषण का निष्कर्ष रूप निदान और चिकित्सक की आवश्यकतानुसार रोग की बेहतर अन्तर्दृष्टि प्रदान करता है।

(vii) (Freenome), सान फ्रांसिस्को, कैलिफोर्निया कैंसर की जाँच में किये जाने वाले निदानात्मक परीक्षणों एवं रुधिर आधानों आदि के लिए कृत्रिम मेधा का प्रयोग करता है।

(viii) (Beth Israrel Deaconess Medical Centre)बोस्टन, मैस्साचुसेट्स हार्वर्ड विश्वविद्यालय का शैक्षणिक अस्पताल है। यहाँ डॉक्टर कृत्रिममेधा संवर्धित सूक्ष्मदर्शियों का प्रयोग करके रक्त के नमूनों में ई. कोली और स्टैफिलोकोकस जैसे ख़तरनाक बैक्टीरिया की पहचान करते हैं और अत्यन्त प्राथमिक अवस्था में रोग की पहचान कर लेते हैं।

(ix) (Iterative Health), कैम्ब्रिज, मैस्साचुसेट्स जठरांत्रीय-रोगविज्ञान के निदान और उपचार में कृत्रिम मेधा का प्रयोग करता है। वे इनफ्लेमेटरी बाउल डीसीज (IBD) के चिकित्सकीय परीक्षणों के सम्भावित अभ्यर्थियों का चयन करने के लिए एक संगणकीय एल्गोरिदमों पर आधारित प्रक्रम का प्रयोग करते हैं और उनका SKOUT नामक उपकरण सम्भावित कैंसरी पोलिपों को पहचानने में डॉक्टरों की मदद करता है।

(x) (Virtue Sense) पिओरिया, इलियोनिस रोगी की गति का अनुसरण करने के लिए कृत्रिम मेधा संवेदकों का प्रयोग करता है। उनकी VST Alert नामक युक्ति रोगी के खड़े होने पर इससे जुड़े सेवा प्रदायक को तुरन्त सूचना देती है और VST balance नामक युक्ति मशीन विज़न एवं कृत्रिम मेधा के आधार पर विश्लेषण करके बता देती है कि रोगी को अगले एक वर्ष में गिरने का कितना ख़तरा है।

(xi) (Caption Health), सानमैतियो, कैलिफोर्निया, रोग की प्राथमिक

अवस्था में ही कृत्रिम बुद्धि एवं अल्ट्रासाउड प्रौद्योगिकियों के संयोजकों का प्रयोग करके रोग का आमापन करती है।

(xii) (Arterys), सान फ्रांसिस्को, कैलिफोर्निया के कृत्रिम बुद्धि प्लेटफॉर्मों का उपयोग करके विकसित प्रतिबिम्ब विश्लेषक अस्पतालों के कैंसर रोग विभाग, हृदयरोग विभाग, मस्तिष्क रोग विभाग एवं आपातकालीन विभाग आदि में रोगों के संसूचन, प्रतिबिम्बों की रिपोर्ट तैयार करने, फुफ्फुस पर्विकाओं (Lung Nodules) की जाँच, ट्यूमरों के निदान तथा रक्ताघात के संसूचन के लिए प्रयोग में लाये जा सकते हैं।

(xiii) (cleerly Inc)का पूर्णत: दूरस्थ कृत्रिम मेधा सामर्थ्ययुक्त, हृदवाहिकाओं की देखभाल करने वाला प्लेटफॉर्म धमनियों में जमी कोलेस्टरोल की परत का मापन और विश्लेषण करके व्यक्ति को पड़ सकने वाले सम्भावित दिल के दौरे के ख़तरे का पता लगाता है और उसके लिए विशिष्ट व्यक्तिपरक उपचार योजना बनाता है।

(xiv) (Bioxcel Therapeutics), न्यूहैवन, कनेक्टिकट : तंत्रिका विज्ञान (Neuroscience) एवं प्रतिरक्षा-अर्बुदविद्या (immuno-oncology) के क्षेत्रों में नयी औषधियों की पहचान और विकास तथा प्रचलित औषधियों के अभिनव अनुप्रयोगों के लिए कार्य करता है।

(xv) (Reverie Labs), कैम्ब्रिज, मैस्साचुसेट्स, कैंसर के प्रभावी उपचार के लिए कृत्रिम मेधा प्लेटफॉर्म प्रदान करता है।

(xvi) (Xtel Pi), कैम्ब्रिज, मैस्साचुसेट्स, का ID4 प्लेटफॉर्म भेषज डिजाइन और विकास हेतु सम्भावित छोटे अणुओं के रासायनिक एवं भेषजीय गुणों का पूर्वानुमान लगाने में सहायता करता है।

(xvii) (Atom wise), सान फ्रांसिस्को, कैलिफोर्निया का न्यूरल नेटवर्क 'एटमेनेट' चिकित्सकीय परीक्षणों के लिए रोगियों पर प्रतिदिन 1 से 2 करोड़ जीनीय यौगिकों के सम्भावित प्रभावों के संकेत दे सकता है।

(xviii) (Deep Genomics): मल्टीपल स्क्लेरोसिस, म्योपैथी जैसे तंत्रिकापेशीय (neuromuscular) तथा अलझीमर एवं पार्सिन्स जैसे तंत्रिकाअपविकासी (neurodegenerative) रोगों की नयी औषधियों के अन्वेषकों के लिए Deep Genomics एक द्रुत और प्रभावी रिमोट कृत्रिम मेधा प्लेटफॉर्म प्रस्तुत करता है।

(xxi) (Benevolent AI), लन्दन, इंग्लैंड भेषज निर्माता समूहों को औषधियों के लाइसेंस प्राप्त करने तथा परोपकारी संस्थाओं को दुस्साध्य रोगों के लिए सहज परिवहनीय औषधियों के विकास में सहायता देने के लिए अपने कृत्रिम मेधा अधारित प्लेटफॉर्म का प्रयोग करता है ताकि सही रोगी तक सही समय पर सही दवाई पहुँच सके।

(xx) (Deepcell, Inc), मेन्लोपार्क, कैलिफोर्निया का कृत्रिम बुद्धि प्लेटफॉर्म कैंसर अनुसन्धान, कोशिका थिरैपी एवं विकासात्मक जैविकी से जुड़े अनेक अनुप्रयोग प्रदान करता है।

(xxi) (Owkin), न्यूयार्क, कैंसर उपचार को सशक्त बनाने के लिए किये जाने औषधि अन्वेषण और निदान हेतु कृत्रिम मेधा प्रौद्योगिकी का फ़ायदा उठाता है। इनके Rlaps Risk नामक उपकरण का प्रयोग करके स्तन कैंसर की पुनर्वापसी के ख़तरे का आमापन किया जा सकता है और MS Intuit नामक उपकरण बृहदांत्र कैंसर की सम्पूर्ण जाँच में सहायता करता है।

(xxii) (Iodine Software), ऑस्टिन, टैक्सास : यह मशीन अधिगम उत्पाद रोगी के लक्षणों को ठीक-ठीक समझता है, उनका सही रिकॉर्ड बनाता है और छूटी हुई जानकारियों को उजागर करता है।

(xxiii) (Kaia Health), न्यूयार्क का यह डिजिटली उपचार-प्लेटफॉर्म व्यवहारतः पाँच सेवाएँ प्रदान कर सकता है—केस रिव्यू, व्यायाम-क्रम नियमन, श्रांतिप्रदायक गतिविधियों का नियमन तथा दीर्घकालिक कमरदर्द एवं दीर्घकालिक अवरोधकारी हृत्धमनी रोग (COPD) के उपचार हेतु अधिगम संसाधन।

(xxiv) (Spring Health), न्यूयार्क : मानसिक स्वास्थ्य के सैकड़ों मानक लक्षणों से तुलना करने के लिए व्यक्ति की मानसिक स्वास्थ्य अवस्था का पता लगाता है और उन लक्षणों के संगत उपयुक्त परामर्शदाताओं का पता बताता है।

(xxv) (Olive), कोलम्बस, ओहियो : बार-बार दोहराये जाने वाले प्रशासनिक सेवा कार्यों को स्वचालित रूप से करने में सक्षम उपकरण है।

(xxvi) (Qventus inc), माउंट व्यू , कैलिफोर्निया : रोगियों के लक्षणों के आधार पर उनको दिये जाने वाले उपचार का प्रमुखता-क्रम सुनिश्चित कर सकता है और इस प्रकार अस्पताल को कम से कम समय में आदर्श सेवाएँ प्रदान करने में सहायता करता है।

(xxvii) (John Hopkins Medicine), बाल्टीमोर, मैरीलैंड, तथा (Cleveland Clinic), क्लीवलैंड, ओहियो ने भी Qventus inc की तरह ही अपने-अपने स्वास्थ्य सेवा प्रदायक तन्त्र विकसित किये हुये हैं।

(xxviii) (Babylon), ऑस्टिन, टेक्सास का सिमप्टम चेकर ज्ञात लक्षणों जो खिमों के आधार पर अद्यतन चिकित्सकीय जानकारी प्रदान करता है।

(xxix) (One Drop), न्यूयार्क का एप्प मधुमेह, रक्तचाप, एवं भार-नियन्त्रण जैसी दीर्घकालिक समस्याओं के प्रबन्धन के लिए निश्चित समाधान प्रस्तुत करता है।

(xxx) (Cloud Med X), पोलो आल्टो, कैलिफोर्निया की प्रौद्योचगकी ,मशीन अधिगम का प्रयोग करके अस्पतालों को रोगियों के डेटा, चिकित्सकीय इतिहास, शुल्क अदायगी आदि के प्रबन्धन में सहायता करता है।

(xxxi) (Subtle Medical), मेनलों पार्क, कैलिफोर्निया के Subtle PET एवं Subtle MR नाम के उत्पाद MRI एवं PET मशीनों से प्राप्त प्रतिबिम्बों में से अवांछित रवों को हटा कर अधिक स्पष्ट प्रतिबिम्ब अधिक तेज़ी से प्राप्त करने में सहायता करते हैं।

(xxxii) (Twill), न्यूयॉर्क का इंटेलीजेंट हीलिंग प्लेटफॉर्म,बहु-स्क्लेरोसिस एवं सोरायसिस जैसी चिकित्सकीय अवस्थाओं के व्यक्तियों के लिए आदर्श सेवा की व्यवस्था में सहायता करता है।

(xxxiii) (Augmedix), सान फ्रांसिस्को, कैलिफोर्निया के पास चिकित्सकीय दस्तावेज़ों के रख-रखाव के लिए कृत्रिम बुद्धियुक्त उपकरणों की एक पूरी श्रृंखला है।

इनके अतिरिक्त IBM, अर्मोङ्क, न्यूयार्क का वाटसन ; Closed loop, ऑस्टिन, टेक्सास का closedLoop. AI ; Bacon Bio signals का EEG platefarm ; Proscia, फिल्डेल्फिया, पेनसिल्वानिया का डिजिटल पैथोलॉजी प्लेटफॉर्म H2O .ai; माउंटेन व्यू, कैलिफोर्निया का हैल्थकेयर सिस्टम icarbon X; शेञ्झेन, चीन का डिजिटल लाइफ प्लेटफॉर्म; AKASA, सान फ्रांसिस्को, कैलिफोर्निया का AI प्लेटफॉर्म स्वास्थ्य सेवा प्रबन्धन सहायक कृत्रिम मेधा युक्त प्रभावी उपकरण है।

इसी प्रकार Vicarious Surgical, walthon, मैस्साचुसेट्स का रोबोट तन्त्र; Accuracy का cyber knife system; Intuitive का da Vinci platform; कार्नेगी मेल्लन विश्वविद्यालय का Heart Louder ; Micro sure, ऐंधोइया-नीदरलैंड का MUSA सर्जिकल रोबोट, रोबोटिक शल्य-चिकित्सा के प्रभावी उपकरण हैं।

चेतावनी : स्वास्थ्य एवं चिकित्सा क्षेत्र में कृत्रिम मेधा के अनुप्रयोग लगातार तेज़ी से बढ़ रहे हैं। आने वाले समय में इनके कारण मानव चिकित्सा एवं स्वास्थ्य सेवाओं की अवस्था और दशा में आमूल-चूल परिवर्तन होने वाला है। लेकिन सावधान रहने की आवश्यकता है। कृत्रिम मेधा है तो वास्तव में चेतना एवं संवेदनहीन बुद्धि ही, यह कभी भी ख़तरनाक हो सकती है। सावधानी बरती भी जा रही है। मशीन मानव के जितने निकट पहुँचती है। उसे निर्णय लेने की स्वतन्त्रता उतनी ही कम दी जाती है।

सन्दर्भ-सूची

1. पुस्तकें

(i) Jyoti Prakash Patre, Yogesh kumar Rathore : Applications of Artificial Intelligence in the health care Sector, Nova science Publishers, Inc., 415 Oser Avenue, Suite N Haupauge, NY 11788 USA; jan 25,2023; pages 168, $160.0

(ii) Tian hua Chen, Jenny Carter, Mufti Mahmoud and Arjab singh khuman(ed itors) : Artificial Intelligence in Healthcare Recent Applications and Developments, Springer e. book, Euro 117.69; Oct 26, 2022

(iii) Kayvan Najarian, Delaram kahrobaci, Enrique Dominguez, Reza Soroushmehr (Editors); Artificial Intelligence in Healthcare and Medicine ; Soca Raton ; CRC Press, p.300, April 2012 , £117

(iv) Adam Bohr, Kaveh Memarzadeh : Artificial Intelligence in Healthcare, Elsevier, 2020, $125

(v) Peter Lee, Carey Goldberg, Isaac Kohane : The AI Revolution in Medicine; Pearson; April, 2023; Rs 2505.0, p.304

(v) Kerrie Holley, Siupo Becker : AI - first Healthcare : AI Applications in the Business and clinical Management of Health; O'REILLY Media; May 2021, p.219, $31.47 (paperback)

2. शोधपत्र :

(i) Artificial Intelligence in Medical Practice : the question to the answer? Miller D.D. and Brown E. W., Am J Med 2018, 131(2), 129-133

(ii) Artificial intelligence in Psychiatry; Fakhoury M., Adv. Exp. Med

Biol. ; 2019;1192; 119-125 doi : 10.1007/918-981-32-9721-0_6

(iii) Artificial Intelligence in Precision Cardio Vascular Medicine; Krittanwong C, Zhang H, Wang Z , Aydax M, Kitai T; J Am Coll Cardiol, 2017 May 30; 69 (21); 2657-2664 , doi: 10.1016/J. Jacc, 2017.03.571

(iv) How Cognitive Machines Can Augment Medical Imaging ; Miller DD, Brown EW ; AJR Am. J Roentgenol, 2019, Jan; 212(1)9-14 doi :10.2214/AJR,18.19914, E pub, 2018 Nov 13

(v) Artificial Intelligence in Medical Imaging of Liver; Zhou LQ, Wong JY, Yu SY, Wu GG, Ver Q, Deng YB, Wu XL, Cui XW, Dietrich CF; World J Gastroenterology, 2019 Feb; 25(6), 672-682; doi: 10.37481 W Jg. v25, 16,672

(VI) Imaging Intelligence, AI is Transforming Medical Imaging Across the Imaging Spectrum; Mandal S, Greenblat AB; An-j; IEEE Pulse, 2018 Sept- Oct ; 9(5); 16-24,doi : 10.1109/MPUL 2018, 2857726

(vii) How is AI Used in Health Care : 5 powerful real world examples that show the latest advances, Marr B; Forbes, 2018

(viii) Personalized Precision Medicine; Bio Algorithms; Konieczny L, Roterman I ; Med Syst 2019, 15

(ix) Principles of Early Drug Discovery; Hughes JP, Rees S, Kolindgian SB, Philpott KL; Br J Pharmacol.

(x) Artificial Intelligence in Surgery; Promises and Perils; Hashimoto DA, Rosman G, Rus D, Meireles OR

3. वेबसाइट

(i) narayanshealth.org/robotic surgery.

(ii) http://cmirs.com, understanding the components of the da-vinci

(iii) ncbi.nlm.nih.gov/pmc/articles/pmc 9955430

(iv) ncbi.nlm.nih.gov/pmc/articles/PMC10302890

(v) brainlab.com /journal/ types-of-medical-robots-in-use-and-in-the-future/

स्वास्थ्य और औषधि के क्षेत्र में कृत्रिम मेधा

—प्रज्ञा गौतम

प्रस्तावना

विज्ञान और तकनीकी विकास के इस युग में जहाँ जीवन से जुड़े हर क्षेत्र में नित्य नवीन शोध हो रहे हैं और हमारे पास सूचनाओं का भण्डार बढ़ता जा रहा है, कृत्रिम मेधा का अनुप्रयोग एक महती आवश्यकता बन गया है। यदि हम स्वास्थ्य और औषधि के क्षेत्र की बात करें तो यह क्षेत्र कुछ वर्ष पूर्व तक अपने उसी पुराने ढाँचे पर चल रहा था और इस वजह से स्वास्थ्य सुरक्षा प्रक्रियाएँ महँगी और अकुशल थीं। हाल ही के वर्षों में कृत्रिम मेधा ने इस क्षेत्र को नया स्वरूप प्रदान करने में अपना महत्त्वपूर्ण योगदान दिया है, जिससे यह उन्नति की ओर अग्रसर है। कृत्रिम मेधा ने स्वास्थ्य देखभाल पारिस्थितिक तन्त्र को पूर्णतया बदल दिया है। कुशल नैदानिक प्रक्रिया, चिकित्सकीय आँकड़ों का बेहतर प्रबन्धन, स्वास्थ्य सेवा प्रदाता को सहयोग, रोग का सटीक उपचार और अस्पताल में बेहतर वातावरण निर्मित करने का श्रेय कृत्रिम मेधा को ही जाता है। भविष्य में स्वास्थ्य सेवाएँ सस्ती और तकनीकी रूप से और ज़्यादा कुशल होंगी।

आइए, अस्पताल के एक कक्ष के दृश्य पर नज़र डालते हैं—

'कक्ष में सुखदायक मद्धम प्रकाश है। कक्ष की दीवारों पर संवादात्मक डिजिटल पैनल लगे हैं। एक दीवार पर विशाल डिजिटल खिड़की बग़ीचे के दृश्य का आभास करा रही है। कृत्रिम मेधा की चौकस नज़रें पल-पल रोगी के हृदय की धड़कन, रक्तचाप और अन्य महत्त्वपूर्ण अंगों के कार्य पर टिकी हैं। वह किसी भी असामान्य बदलाव पर तुरन्त चिकित्सकीय स्टाफ को सतर्क कर देती है। वह उपचार के दौरान निरन्तर रोगी के स्वास्थ्य का आकलन करके आगामी उपचार की योजना और औषधियों में आवश्यक बदलाव की रूपरेखा बनाती है। वह रोगी की सामान्य शंकाओं का निराकरण करने में सक्षम है। वह मात्र स्वास्थ्य और

उपचार की निगरानी तक सीमित नहीं है, वह कमरे के तापमान और प्रकाश को आवश्यकतानुसार सुखद बनाये रखती है। इतना ही नहीं, वह रोगी को उसकी पसन्द का संगीत भी सुना सकती है। अर्थात, चिकित्सा कक्ष में कृत्रिम मेधा की उपस्थिति यह सुनिश्चित करती है कि रोगी की सम्पूर्ण देखभाल उचित तरीक़े से हो रही है।'

यह किसी विज्ञान कथा में वर्णित दृश्य नहीं है, यह दृश्य आने वाले कुछ ही वर्षों में स्वास्थ्य के क्षेत्र में कृत्रिम मेधा की सशक्त उपस्थिति को इंगित करता है। व्यवसाय क्षेत्र और अन्य उद्योगों में तो कृत्रिम मेधा का उपयोग काफ़ी पहले से किया जा रहा है, लेकिन स्वास्थ्य उद्योग में कृत्रिम मेधा का पदार्पण काफ़ी बाद में हुआ। इसका एक महत्त्वपूर्ण कारण तो यह रहा कि व्यवसाय के क्षेत्र में बड़ी संख्या में मात्रात्मक आँकड़े उपलब्ध रहते हैं। इन आँकड़ों के विश्लेषण और निष्पाद हेतु कृत्रिम बुद्धिमत्ता को आसानी से प्रशिक्षित किया जा सकता है। इसके विपरीत, स्वास्थ्य क्षेत्र में रोगियों से सम्बन्धित सूचनाएँ और चिकित्सा विवरण अक्सर गुणात्मक होते हैं, जिस हेतु कृत्रिम बुद्धिमत्ता को प्रशिक्षित करना थोड़ा मुश्किल है। इसके अतिरिक्त कृत्रिम बुद्धिमत्ता जैसे नवाचार को अपनाने में चिकित्सा इकाइयों का वित्तीय रूप से सुदृढ़ होना भी आवश्यक है।

वर्तमान समय में कृत्रिम बुद्धिमत्ता के अति उन्नत संस्करण आ चुके हैं। अनेक स्वास्थ्य सुरक्षा संगठन भी आजकल नवाचार आधारित निवेश को प्राथमिकता दे रहे हैं, ताकि चिकित्सा की गुणवत्ता में सुधार हो और रोगी की सुरक्षा सर्वोपरि रहे। इसके अलावा रोगी की सन्तुष्टि और उसके चिकित्सकीय अनुभव को भी प्राथमिकता दी जा रही है। आगामी वर्षों में स्वास्थ्य और औषधि के क्षेत्र में कृत्रिम बुद्धिमत्ता का उपयोग अपरिहार्य हो जायेगा। इन क्षेत्रों में निरन्तर हो रहे शोध चिकित्सकीय ज्ञान और सूचनाओं के भण्डार में दिन-प्रतिदिन वृद्धि कर रहे हैं। ऐसे में चिकित्सकीय टीम को अद्यतन रहने और अपनी सेवाओं को बेहतर बनाने के लिए भी कृत्रिम बुद्धिमत्ता के सहयोग की आवश्यकता होगी।

स्वास्थ्य क्षेत्र में कृत्रिम बुद्धिमत्ता के उपयोग

स्वास्थ्य सहायक

रोग के निदान में विलम्ब रोगी के बजट और जान दोनों पर भारी पड़ता है। विगत चार-पाँच वर्षों में शोधकर्ताओं ने अनेक डिजिटल स्वास्थ्य सहायक विकसित किये हैं, जो चिकित्सक को रोग के सम्बन्ध में उचित निर्णय लेने और उपचार में सहयोग प्रदान करते हैं। ये आभासी स्वास्थ्य सहायक चिकित्सकों पर प्रबन्धन सम्बन्धी

उत्तरदायित्वों को भी कम करते हैं। 'अमेरिकन कॉलेज ऑफ़ फिज़िशियन्स' में प्रकाशित एक अध्ययन के अनुसार प्राथमिक सुरक्षा चिकित्सक प्रतिदिन अपने कार्य घंटों का 49% प्रतिशत समय प्रबन्धन और लिखित कार्य में बिताते हैं। चिकित्सकीय अनुलेखन और नैदानिक दस्तावेज़ीकरण का कार्य कृत्रिम मेधा युक्त आभासी सहायकों ने त्वरित और आसान बना दिया है। आभासी स्वास्थ्य सहायक आवाज़ या लिखित सन्देश पर अपनी प्रतिक्रिया दे सकते हैं। इन्हें कार्य के आधार पर तीन श्रेणियों में बाँटा जा सकता है।

1. **चिकित्सा अभिलेख मार्गदर्शन** (Medical Record Nevigation) **:** इस प्रकार का आभासी स्वास्थ्य सहायक, कम्पनियों और चिकित्सकों को मशीन लर्निंग (ML) और नैचुरल लैंग्वेज प्रोसेसिंग (NLP) के ज़रिये किसी रोगी के इलेक्ट्रॉनिक स्वास्थ्य अभिलेख (EHR) में स्थित नैदानिक आँकड़ों के प्रबन्धन में सहायता करता है। उदाहरण के लिए, न्यूआन्स कम्पनी का 'ड्रैगन मेडिकल वर्चुअल असिस्टेंट' (2017) और सुकी कम्पनी द्वारा विकसित आभासी स्वास्थ्य सहायक (2017) कृत्रिम मेधा और वाक् अभिज्ञान (वॉयस रेकगनिशन) तकनीक से नैदानिक सूचनाओं का दस्तावेज़ीकरण और प्रबन्धन करते हैं। न्यूआन्स और सुकी दोनों ही अमेरिकी कम्पनियाँ हैं।
2. **चिकित्सा अनुलेखन** (Medical Transcription) **:** ये आभासी स्वास्थ्य सहायक, रोगी को अस्पताल में देखने के दौरान नैदानिक आँकड़ों का मशीन लर्निंग और एनयेलपी के ज़रिये अनुलेखन करते हैं। उदाहरण के लिए, अमेरिकी कम्पनी रॉबिन हेल्थकेयर द्वारा विकसित 'रॉबिन' (2018) नामक स्वास्थ्य सहायक में एक स्मार्ट स्पीकर होता है, जिसे चिकित्सक के कक्ष में उचित जगह पर रखा जाता है। यह रोगी-चिकित्सक संवाद का अनुलेखन करता है।
3. **चैटबोट्स के ज़रिये रोगी से संवाद :** अमेरिकी कम्पनी मेडव्हाट द्वारा विकसित चैटबोट एप स्मार्टफोन पर डाउनलोड किया जा सकता है। इस चैटबोट से बोल कर या लिख कर प्रश्न पूछे जा सकते हैं। यह पूछे गये प्रश्नों के आधार पर उपयोगकर्ता को अपनी प्रतिक्रियाएँ भेजता है। वर्तमान में कृत्रिम मेधा युक्त अनेक आभासी स्वास्थ्य सहायक मोबाइल एप्स में उपलब्ध हैं। ये स्वास्थ्य की निगरानी, रोग के लक्षणों पर नज़र और चिकित्सक से मुलाक़ात का कार्यक्रम तय करते हैं।

'सिम्प्टोमा' भी एक ऐसा ही डिजिटल स्वास्थ्य सहायक है, जिसे यूरोप के

शोधकर्ताओं ने विकसित किया है। इसमें एक कृत्रिम मेधा युक्त चैटबोट है, जो उपयोगकर्ता से रोग के सम्बन्ध में अनेक प्रश्न पूछता है। यह क़रीब 20000 रोगों (जिनमें दुर्लभ रोग भी शामिल हैं), उनके लक्षणों में परस्पर समानता-विभिन्नता और जोखिम कारकों से सम्बन्धित सूचनाओं को विश्लेषित और प्रसंस्कृत कर सकता है। इस प्रकार यह चैटबोट रोग का सटीक निदान करने में समर्थ है। सिम्प्टोमा को कोविड-19 के दौरान जनवरी 2020 में कोविड की पहचान के लिए प्रशिक्षित किया गया था। इसने 1000 से ऊपर रोगियों में 96.32% सटीकता के साथ कोविड रोग का निदान किया। हालाँकि, सिम्प्टोमा को चिकित्सकीय परामर्श के बिना उपयोग में नहीं लिया जाना चाहिए। गर्भवती महिलाओं और 18 वर्ष से कम आयु के किशोरों के लिए भी इसका उपयोग निषिद्ध है।

दूरस्थ रोगी की निगरानी

'रीमोट पैशेंट मानिटरिंग' (RPM) वर्तमान में एक सामान्य स्वास्थ्य सुरक्षा प्रणाली है। इसे किसी सुदूर ग्रामीण क्षेत्र में स्थित रोगी या फिर ऐसे वृद्ध रोगियों के लिए अपनाया जाता है, जिन्हें अस्पताल लाया जाना मुश्किल है। बिना रोगी को स्पर्श किये, किसी दूरस्थ रोगी के स्वास्थ्य की निगरानी में 4 गतिविधियाँ शामिल की जाती हैं, जिनके संचालन में कृत्रिम मेधा का उपयोग किया जाता है : 1. इलेक्ट्रॉनिक युक्तियों द्वारा रोग सम्बन्धी आँकड़ों का संग्रहण; 2. संग्रहित आँकड़ों का दूरस्थ स्वास्थ्य सेवा प्रदाता को हस्तान्तरण: 3. आँकड़ों का मूल्यांकन और 4. स्वास्थ्य सेवा प्रदाता द्वारा रोग सम्बन्धित निष्कर्षों को रोगी तक पहुँचाना। ये इलेक्ट्रॉनिक युक्तियाँ रोगी द्वारा पहने जाने वाले संसूचक, प्रत्यारोपित उपकरण या फिर हस्त संचालित यन्त्र हो सकते हैं। कोविड महामारी के समय में दूरस्थ रोगी के निरीक्षण का महत्त्व और ज़्यादा बढ़ गया था। यह वह समय था जब अस्पताल जाकर चिकित्सक से मुलाक़ात करना जोखिम भरा था।

वीडियो आधारित निगरानी

मशीन लर्निंग और चित्र प्रसंस्करण (इमेज एंड वीडिओ प्रोसेसिंग) दूरस्थ स्वास्थ्य निगरानी में महत्त्वपूर्ण भूमिका निभाते हैं और रोगी के जीवनसूचक संकेतों जैसे हृदय की धड़कन, श्वसन दर, नब्ज़, ऑक्सीजन संतृप्तता, कफ और रक्तचाप पर नज़र रखते हैं। श्वसन के उतार-चढ़ाव के पैटर्न से नब्ज़ का आकलन किया

जा सकता है। शोधकर्ताओं ने डीप लर्निंग मॉडल, कॉनवोल्यूशनल न्यूरल नेटवर्क (CNN) विकसित किया है जो रोगी के मानसिक तनाव के स्तर को माप सकता है। रेसनेट एक विशेष न्यूरल नेटवर्क है जिसको सन् 2015 में कैमिंग हे और सहयोगियों ने विकसित किया था। कफ के विश्लेषण के लिए फेफड़ों की ध्वनियों का परिश्रवण पूर्व प्रशिक्षित 3 डी रेसनेट18 न्यूरल नेटवर्क मॉडल द्वारा किया जाता है, जो असामान्य ध्वनियों के आधार पर रोग की पहचान करने में समर्थ है। इस मॉडल ने 94.57% परिशुद्धता, 100% संवेदनशीलता, और 94.11% विशिष्टता के साथ कार्य किया। इसी प्रकार हृदय दर, रक्त आयतन पल्स और ऑक्सीजन संतृप्तता, रिमोट फ़ोटोप्लेथिस्मोग्राफी (RPPG) तकनीक से मापी जा सकती है। इस प्रक्रिया में स्मार्ट फ़ोन कैमरे द्वारा प्राप्त वीडिओ का उपयोग किया जा सकता है। फ़ोटोप्लेथिस्मोग्राफी तकनीक एक सरल और सस्ती तकनीक है, जिसमें एक प्रकाश स्रोत और एक प्रकाश संसूचक होता है जो त्वचा के सम्पर्क में होता है।

आईओटी (IOT) तन्त्र

किसी दूरस्थ रोगी की वास्तविक समय में निगरानी के लिए 'इंटरनेट ऑफ़ थिंग्स' सक्षम युक्तियों के तन्त्र का उपयोग किया जा सकता है। इस तन्त्र को अस्पताल या घर में स्थापित किया जा सकता है। आईओटी तन्त्र की संरचना को तीन वर्गों में बांटा जा सकता है—प्रथम वर्ग में रोगी द्वारा पहनी जाने वाली युक्तियाँ आती हैं, जो रोगी के जीवनसूचक संकेतों को ग्रहण करती हैं। ये युक्तियाँ आईओटी द्वारा परस्पर जुड़ी रहती हैं। इनमें शरीर पर पहने या चिपकाये जाने वाले संसूचक होते हैं। द्वितीय वर्ग में इन संकेतों को क्लाउड सेवा में संगृहीत किया जाता है। क्लाउड सेवा की कुछ सीमाएँ हैं, जैसे वास्तविक समय प्रतिक्रिया में विलम्बन, बैंडविड्थ का अति उपयोग आदि। इन चुनौतियों को फॉग और एज कम्प्यूटिंग द्वारा दूर किया जाता है। तृतीय वर्ग में मशीन लर्निंग कार्यप्रणाली द्वारा इन आँकड़ों का विश्लेषण किया जाता है।

वायरलेस बॉडी एरिया नेटवर्क (WBAN), आईओटी का ही सबडोमेन है। रोगी के शरीर पर लगे संसूचकों से प्राप्त आँकड़ों के स्थानीय या वैश्विक संचरण के लिए मानक डेटा संचरण नेटवर्क जैसे वाईफाई, जिगबी और लोरा इत्यादि को उपयोग में लिया जाता है। इसकी कुछ चुनौतियाँ हैं, जैसे-डेटा की रेंज, ऊर्जा, संचरण प्रोटोकॉल, आँकड़ों की निजता व सुरक्षा, अन्तरभेद्यता और एकीकरण

सम्बन्धी कार्यों को स्वचालित बनाती हैं। इन कार्यों में रोगी की अस्पताल में भर्ती, दस्तावेज़ीकरण और बिल बनाना शामिल है। इसके अलावा रोगियों की संख्या के आधार पर चिकित्सकीय स्टाफ का उचित प्रबन्धन और संसाधनों का प्रभावी आवंटन कृत्रिम मेधा की सहायता से सम्पन्न किया जा सकता है।

कृत्रिम मेधा, अस्पताल की सम्पत्ति के प्रबन्धन और अग्रसक्रिय रखरखाव को बेहतर बना सकती है। इससे आपात परिस्थितियों और जीवन रक्षक उपकरणों की विफलता से बचा जा सकता है। इसी प्रकार अस्पताल में माँग के आधार पर औषधियों और आवश्यक सामग्री की आपूर्ति शृंखला बनाये रखना, स्टॉक में कमी की भविष्यवाणी, बिना बाधा कार्य के संचालन के लिए आवश्यक है। यह सामग्री की बर्बादी को रोककर व्यय को भी कम करती है। एआई की उपस्थिति बिलिंग या बीमा प्रक्रिया में होने वाले किसी भी धोखे से बचाव करती है।

सर्जिकल रोबोट

शल्य-चिकित्सा एक अत्यधिक कौशल का कार्य है। विगत कुछ वर्षों से रोबोटिक सर्जरी का प्रचलन सामान्य हो गया है। रोबोटिक सर्जरी में चीरा सूक्ष्म भाग पर लगाना पड़ता है, इसलिए इसमें समय की बचत होती है और रोगी शीघ्र स्वस्थ हो जाता है। परम्परागत रोबोटिक सर्जरी में वास्तविक समय में रोबोट पर मानव नियन्त्रण रहता है।

सन् 2016 में प्रथम बार शैडमैन और सहयोगियों ने सूअर की आँत की पूर्ण स्वायत्त रोबोटिक शल्य-चिकित्सा की। इस शल्य-चिकित्सा में स्मार्ट टिशू औटोनोमस रोबोट (STAR) का उपयोग किया गया था। इस शल्य-चिकित्सा का परिणाम उत्साहजनक रहा। इसमें 'स्टार' की कुशलता ने मानव शल्य-चिकित्सकों को मात दे दी। 'स्टार' को कृत्रिम बुद्धिमत्ता द्वारा नियन्त्रित किया गया था। इसी के साथ ही रोबोटिक शल्य-चिकित्सा में कृत्रिम मेधा का प्रवेश हुआ। रोबोटिक शल्य-चिकित्सा की कुछ विशेषताएँ हैं, जैसे रोबोटिक बाँह की अक्षीय गति की रेंज ज़्यादा है, गति नपी-तुली और कम्पनरोधी होती है। लम्बी शल्य-चिकित्सा को बिना थकान अंजाम दिया जा सकता है। इसको कृत्रिम मेधा से संयुक्त करने पर तकनीकी खामियों की सम्भावना कम हो जाती है। शल्य-चिकित्सा का समय कम हो जाता है और शरीर के उन क्षेत्रों की शल्य-चिकित्सा भी सम्भव हो जाती है, जहाँ तक पहुँचना मुश्किल होता है। भविष्य में कृत्रिम मेधा युक्त सर्जिकल रोबोट्स की सहायता से अन्तरिक्ष और युद्ध क्षेत्रों में भी शल्य-चिकित्सा सम्भव हो सकेगी।

उत्तरदायित्वों को भी कम करते हैं। 'अमेरिकन कॉलेज ऑफ़ फिज़िशियन्स' में प्रकाशित एक अध्ययन के अनुसार प्राथमिक सुरक्षा चिकित्सक प्रतिदिन अपने कार्य घंटों का 49% प्रतिशत समय प्रबन्धन और लिखित कार्य में बिताते हैं। चिकित्सकीय अनुलेखन और नैदानिक दस्तावेज़ीकरण का कार्य कृत्रिम मेधा युक्त आभासी सहायकों ने त्वरित और आसान बना दिया है। आभासी स्वास्थ्य सहायक आवाज़ या लिखित सन्देश पर अपनी प्रतिक्रिया दे सकते हैं। इन्हें कार्य के आधार पर तीन श्रेणियों में बाँटा जा सकता है।

1. **चिकित्सा अभिलेख मार्गदर्शन** (Medical Record Nevigation) **:** इस प्रकार का आभासी स्वास्थ्य सहायक, कम्पनियों और चिकित्सकों को मशीन लर्निंग (ML) और नैचुरल लैंग्वेज प्रोसेसिंग (NLP) के ज़रिये किसी रोगी के इलेक्ट्रॉनिक स्वास्थ्य अभिलेख (EHR) में स्थित नैदानिक आँकड़ों के प्रबन्धन में सहायता करता है। उदाहरण के लिए, न्यूआन्स कम्पनी का 'ड्रैगन मेडिकल वर्चुअल असिस्टेंट' (2017) और सुकी कम्पनी द्वारा विकसित आभासी स्वास्थ्य सहायक (2017) कृत्रिम मेधा और वाक् अभिज्ञान (वॉयस रेकगनिशन) तकनीक से नैदानिक सूचनाओं का दस्तावेज़ीकरण और प्रबन्धन करते हैं। न्यूआन्स और सुकी दोनों ही अमेरिकी कम्पनियाँ हैं।
2. **चिकित्सा अनुलेखन** (Medical Transcription) **:** ये आभासी स्वास्थ्य सहायक, रोगी को अस्पताल में देखने के दौरान नैदानिक आँकड़ों का मशीन लर्निंग और एनयेलपी के ज़रिये अनुलेखन करते हैं। उदाहरण के लिए, अमेरिकी कम्पनी रॉबिन हेल्थकेयर द्वारा विकसित 'रॉबिन' (2018) नामक स्वास्थ्य सहायक में एक स्मार्ट स्पीकर होता है, जिसे चिकित्सक के कक्ष में उचित जगह पर रखा जाता है। यह रोगी-चिकित्सक संवाद का अनुलेखन करता है।
3. **चैटबोट्स के ज़रिये रोगी से संवाद :** अमेरिकी कम्पनी मेडव्हाट द्वारा विकसित चैटबोट एप स्मार्टफोन पर डाउनलोड किया जा सकता है। इस चैटबोट से बोल कर या लिख कर प्रश्न पूछे जा सकते हैं। यह पूछे गये प्रश्नों के आधार पर उपयोगकर्ता को अपनी प्रतिक्रियाएँ भेजता है। वर्तमान में कृत्रिम मेधा युक्त अनेक आभासी स्वास्थ्य सहायक मोबाइल एप्स में उपलब्ध हैं। ये स्वास्थ्य की निगरानी, रोग के लक्षणों पर नज़र और चिकित्सक से मुलाक़ात का कार्यक्रम तय करते हैं।

'सिम्प्टोमा' भी एक ऐसा ही डिजिटल स्वास्थ्य सहायक है, जिसे यूरोप के

शोधकर्ताओं ने विकसित किया है। इसमें एक कृत्रिम मेधा युक्त चैटबोट है, जो उपयोगकर्ता से रोग के सम्बन्ध में अनेक प्रश्न पूछता है। यह क़रीब 20000 रोगों (जिनमें दुर्लभ रोग भी शामिल हैं), उनके लक्षणों में परस्पर समानता-विभिन्नता और जोखिम कारकों से सम्बन्धित सूचनाओं को विश्लेषित और प्रसंस्कृत कर सकता है। इस प्रकार यह चैटबोट रोग का सटीक निदान करने में समर्थ है। सिम्प्टोमा को कोविड-19 के दौरान जनवरी 2020 में कोविड की पहचान के लिए प्रशिक्षित किया गया था। इसने 1000 से ऊपर रोगियों में 96.32% सटीकता के साथ कोविड रोग का निदान किया। हालाँकि, सिम्प्टोमा को चिकित्सकीय परामर्श के बिना उपयोग में नहीं लिया जाना चाहिए। गर्भवती महिलाओं और 18 वर्ष से कम आयु के किशोरों के लिए भी इसका उपयोग निषिद्ध है।

दूरस्थ रोगी की निगरानी

'रीमोट पैशेंट मानिटरिंग' (RPM) वर्तमान में एक सामान्य स्वास्थ्य सुरक्षा प्रणाली है। इसे किसी सुदूर ग्रामीण क्षेत्र में स्थित रोगी या फिर ऐसे वृद्ध रोगियों के लिए अपनाया जाता है, जिन्हें अस्पताल लाया जाना मुश्किल है। बिना रोगी को स्पर्श किये, किसी दूरस्थ रोगी के स्वास्थ्य की निगरानी में 4 गतिविधियाँ शामिल की जाती हैं, जिनके संचालन में कृत्रिम मेधा का उपयोग किया जाता है : 1. इलेक्ट्रॉनिक युक्तियों द्वारा रोग सम्बन्धी आँकड़ों का संग्रहण; 2. संग्रहित आँकड़ों का दूरस्थ स्वास्थ्य सेवा प्रदाता को हस्तान्तरण: 3. आँकड़ों का मूल्यांकन और 4. स्वास्थ्य सेवा प्रदाता द्वारा रोग सम्बन्धित निष्कर्षों को रोगी तक पहुँचाना। ये इलेक्ट्रॉनिक युक्तियाँ रोगी द्वारा पहने जाने वाले संसूचक, प्रत्यारोपित उपकरण या फिर हस्त संचालित यन्त्र हो सकते हैं। कोविड महामारी के समय में दूरस्थ रोगी के निरीक्षण का महत्त्व और ज़्यादा बढ़ गया था। यह वह समय था जब अस्पताल जाकर चिकित्सक से मुलाक़ात करना जोखिम भरा था।

वीडियो आधारित निगरानी

मशीन लर्निंग और चित्र प्रसंस्करण (इमेज एंड वीडिओ प्रोसेसिंग) दूरस्थ स्वास्थ्य निगरानी में महत्त्वपूर्ण भूमिका निभाते हैं और रोगी के जीवनसूचक संकेतों जैसे हृदय की धड़कन, श्वसन दर, नब्ज़, ऑक्सीजन संतृप्तता, कफ और रक्तचाप पर नज़र रखते हैं। श्वसन के उतार-चढ़ाव के पैटर्न से नब्ज़ का आकलन किया

भविष्य के सर्जिकल रोबोट्स बिना मानव सहायता देख, सोच और कार्य कर सकेंगे। इन रोबोट्स की कार्य क्षमता को तीन पैरामीटर्स में मापा जा सकेगा : मिशन की जटिलता, कठिन वातावरण और मानव से स्वायत्तता। रोबोट्स के दृष्टि और भौतिक संवेदक वातावरण से संवेदना ग्रहण (इनपुट) करके, आउट्पुट की गणना करके, यॉंत्रिक प्रवर्तकों (मैकेनिकल ऐक्चूऐटर) द्वारा कार्य सम्पन्न कर सकेंगे। इनके लिए रोबोटिक्स, नियन्त्रण कलन विधियों, उन्नत कम्प्यूटर दृष्टि और स्मार्ट सेंसर तकनीकी के एकीकरण और विकास की आवश्यकता होगी। मशीन लर्निंग कलन विधि द्वारा रोबोट्स को सर्जरी के लिए प्रशिक्षित किया जा सकता है। इन प्रशिक्षित रोबोट्स में अर्जित अनुभव से सीखने और निर्णय लेने की योग्यता होती है। अभी सर्जिकल रोबोट्स परीक्षण दौर से गुज़र रहे हैं। 21वीं सदी के अन्त तक इनका उपयोग सामान्य हो जायेगा।

औषधि निर्माण और अनुसन्धान में कृत्रिम मेधा

औषधि विकास प्रक्रिया एक लम्बी प्रक्रिया है, जिसमें लगभग 9 से 13 वर्ष तक का समय और क़रीब 2.6 बिलियन यूएस डॉलर की लागत लग सकती है। विगत कुछ वर्षों में कम्प्यूटर प्रौद्योगिकी के विकास ने नवीन रासायनिक स्थानों की खोज की राह को प्रशस्त किया है। कम्प्यूटर सहायता प्राप्त डिजाइन और ड्राफ्टिंग (इन सिलिको दृष्टिकोण) ने औषध विकास के परम्परागत तरीक़ों को बदला है, जिससे समय और धन की बचत होती है। इसके बावजूद, प्रत्येक 5 हज़ार दवाओं में से मात्र एक ही बाज़ार अनुमोदन चरण तक पहुँच पाती है। सफलता की यह दर काफ़ी कम है। कृत्रिम मेधा का प्रयोग दवा विकास में सफलता की दर को काफ़ी हद तक बढ़ा सकता है। एआई त्वरित अन्तः ग्रहण और रासायनिक स्थानों की खोज में विस्तार करके इन सिलिको विधियों की क्षमता को कई गुना बढ़ा देती है।

औषधि विकास के प्रमुख चरणों पर एक नज़र डालते हैं—

औषधि विकास का प्रथम चरण लक्ष्य की पहचान और सत्यापन है। किसी विशेष बीमारी या स्थिति के लिए औषधि के सम्भावित लक्ष्य अणुओं की पहचान की जाती है (जिन पर औषधि क्रिया करती है।)। प्रोटीन सबसे आम लक्ष्य हैं, इनमें एँजाइम, कोशिका संकेत ग्राही (सेल सिग्नलिंग रिसेप्टर्स), संरचनात्मक प्रोटीन और प्रोटीन काइनेजेज जैसे नियामक प्रोटीन शामिल हैं। इसके बाद 'हिट टू लीड' चरण में लक्ष्य के विरुद्ध आशाजनक प्रतिक्रिया करने वाले यौगिकों की

पहचान, इसके बाद प्रीक्लीनिकल चरण, क्लीनिकल चरण और नियामक अनुमोदन आता है।

कृत्रिम मेधा का उपयोग श्रम और समय की बचत करेगा : वर्तमान समय में जैव चिकित्सकीय आँकड़ों का अथाह भण्डार मौजूद है और इसमें निरन्तर वृद्धि हो रही है। बड़ी मात्रा में उपलब्ध जीनोमिक आँकड़ों, रोगी की जानकारियों, स्वास्थ्य रिकॉर्ड और मेडिकल इमेजिंग द्वारा कृत्रिम मेधा को प्रशिक्षित किया जाता है। इससे किसी रोग की जैविक क्रियाविधि की समझ में वृद्धि होती है। कृत्रिम मेधा द्वारा रोग पथों की मैपिंग और औषधि-लक्ष्य प्रोटीन अन्त:क्रियाओं के विश्लेषण ने लक्ष्यों के प्रति गहरी समझ पैदा की है। इससे नवीन प्रोटीनों और जीनों को पहचानने में सहायता मिलती है, जिनका प्रयोग लक्ष्यों के प्रतिकार हेतु किया जा सकता है। इतना ही नहीं, एआई प्रोटीन संरचना डाटाबेस का उपयोग करके लक्ष्य प्रोटीन की त्रिविमीय संरचना की भविष्यवाणी कर सकती है, जिससे औषधि को डिजाइन करने में मदद मिलती है, जो कि लक्ष्य को बाँध सके।

प्रमुख औषधि यौगिकों (लीड ड्रग कम्पाउंड्स) की पहचान के बाद एआई इन्हें प्राथमिकता के क्रम में श्रेणीबद्ध भी कर सकती है। इसके अतिरिक्त एआई द्वारा ऐसे लक्ष्यों जिनके लिए अभी तक कोई दवा ईजाद नहीं हो सकी, उनको बाँध सकने वाले रसायनों की वर्चुअल स्क्रीनिंग की जा सकती है। इस प्रकार, एआई एल्गोरिदम के उपयोग द्वारा दवा अनुसन्धान के 4-5 वर्ष के समय को एक वर्ष में समेटा जा सकता है।

कृत्रिम मेधा द्वारा दवा को डिजाइन करना : डी नोवो दवा डिजाइन (DNDD), एक कम्प्यूटेशनल तकनीक है जिसमें 'परमाण्विक बिल्डिंग ब्लॉक्स' की सहायता से नवीन अणुओं का निर्माण किया जाता है। डी नोवो का तात्पर्य होता है—'प्रारम्भ से' अर्थात इसमें बिल्कुल नये अणुओं का निर्माण होता है, जिनका कोई साँचा पहले से मौजूद नहीं होता।

यह एक चुनौतीपूर्ण कार्य है क्योंकि दवा सम रसायन अणुओं का गणनांक अत्यन्त विशाल (10^{60}-10^{100}) होता है। पारम्परिक डी नोवो दवा डिजाइनिंग में दो क्रियाविधि अपनाई जाती हैं—लीजेंड आधारित और संरचना आधारित, जो लक्ष्य अणु के सक्रिय स्थल या ज्ञात सक्रिय बन्धकों पर निर्भर करती है। यदि लक्ष्य प्रोटीन की त्रिविमीय संरचना पहले से ज्ञात होती है तो इससे बँध सकने वाले दवा अणु का विकास करने के लिए संरचना आधारित क्रियाविधि का उपयोग किया जाता है। कई

बार लक्ष्य प्रोटीन की संरचना के विषय में कोई जानकारी नहीं होती, तब ज्ञात सक्रिय बन्धकों का प्रयोग किया जाता है जो लक्ष्य से बँधने में रुचि दिखाएँ। यह लीजेंड आधारित क्रियाविधि कहलाती है।

वर्तमान में डी नोवो दवा डिजाइन में मशीन लर्निंग एल्गोरिदम्स और विभिन्न प्रकार के डीप लर्निंग अप्रोच (अनेक स्तरीय प्रक्रियाओं युक्त कृत्रिम तन्त्रिका नेटवर्क) की सहायता ली जा रही है। कृत्रिम मेधा के उपयोग से विलक्षण और नये रसायनों का निर्माण आसान हो जाता है। इस प्रकार ऐसे रोग जिनके लिए अब तक दवा नहीं खोजी जा सकी है, उनके लिए भी दवा को डिजाइन करना सम्भव हो गया है।

हालाँकि, डीप लर्निंग तकनीक में कुछ कमियाँ भी हैं, जैसे कि यह रोग से सम्बन्धित आँकड़ों की कम उपलब्धता की स्थिति में ठीक से कार्य नहीं करती। हाल ही में विकसित उन्नत 'फ्यू शॉट लर्निंग' तकनीक ने इस समस्या को हल कर दिया है। यह तकनीक कम आँकड़ों की स्थिति में भी अच्छे परिणाम दे रही है। इसके अलावा, डीप लर्निंग कभी-कभी यह ग़लत भविष्यवाणियाँ कर सकती है। इस समस्या को 'अनिश्चितता आकलन तकनीकों' के उपयोग से सुलझाया जा रहा है। एक्सप्लैनेबल एआई, मल्टीटास्क, और मेटालर्निंग जैसी प्रौद्योगिकियाँ निकट भविष्य में कम आँकड़ों की उपलब्धता में भी उन्नत प्रदर्शन कर सकेंगी।

जनवरी 2023 में एबीसाई कॉर्प कम्पनी जीरो-शॉट जनरेटिव एआई के *इन सिलिको* उपयोग से डी नोवो प्रतिजीवी विकसित करने वाली प्रथम कम्पनी बन गयी। ये नये प्रतिजीवी डिजाइन में बिल्कुल विलक्षण हैं जो पहले से मौजूद डाटाबेस में मौजूद नहीं हैं। इनमें एक प्रतिजीवी सार्स-कोवि-2 के स्पाइक पर कार्य करने वाले प्रतिजीवी को पुनः डिजाइन करके, और दूसरा प्रतिजीवी कैंसर कोशिका के प्रोटीन को रोधित करने वाले प्रतिजीवी को पुनः डिजाइन करके बनाया गया है।

इसी प्रकार, फ़रवरी 2023 में इन सिलिको मेडिसिन कम्पनी ने फेफड़ों के रोग इडिओपेथिक पल्मोनरी फाइब्रोसिस के लिए अपने जनरेटिव एआई प्लेटफॉर्म, फार्मा.एआई द्वारा लघु अणु संदमक डिजाइन किया है।

प्राकृतिक पदार्थों के नवीन औषधीय गुणों की खोज

ईटीएच (ETH) ज्यूरिख के शोधकर्ता कृत्रिम मेधा के उपयोग से प्राकृतिक पदार्थों के अभिनव औषधीय उपयोग खोज रहे हैं। कृत्रिम मेधा प्राकृतिक पदार्थों की लक्ष्य आधारित जैव सक्रियता पहचान सकती है। इतना ही नहीं, यह प्राकृतिक पदार्थों

से मिलते-जुलते पदार्थों के संश्लेषण में भी सहायता कर सकती है, जो अपेक्षाकृत सस्ते पड़ेंगे।

जीवाणु से प्राप्त एक यौगिक मारिनोपाइरोल ए, जो प्रतिजैविक, प्रतिदाहक और ऐंटीकैंसर प्रभाव रखता है, किन्तु अभी तक यह अज्ञात था कि मानव शरीर में स्थित कौन से प्रोटीन इससे प्रतिक्रिया करते हैं। ईटीएच के रसायनज्ञों ने 'मारिनोपाइरोल ए' के लक्ष्य प्रोटीनों की खोज के लिए मशीन लर्निंग मॉडल का सहारा लिया। पैटर्न मैच विधि का उपयोग करके शोधकर्ता 8 मानव प्रोटीन और ग्राही ढूँढ़ने में सफल हो गये जो इस जीवाणु यौगिक को बाँध सकते थे।

वैज्ञानिक आशा कर रहे हैं कि कृत्रिम मेधा की सहायता से प्राकृतिक पदार्थों के सस्ते विकल्प संश्लेषित किया जा सकेंगे और नये अणु डिजाइन किये जा सकेंगे।

विशिष्ट रोग और कृत्रिम मेधा

हम देख चुके हैं कि कैंसर, तन्त्रिका रोग, हृदय रोग और अन्य अनेक प्रकार के रोगों का शीघ्र निदान, सटीक उपचार और लक्ष्य आधारित दवा का विकास मशीन लर्निंग एल्गोरिदम की सहायता से किया जाना सम्भव हो गया है। इसके अतिरिक्त व्यक्ति के पारिवारिक रोग इतिहास और किसी विशिष्ट अंग से प्राप्त जाँचों और चित्रों के आधार पर रोग होने के बहुत पहले ही रोग की भविष्यवाणी की जा सकती है।

संक्रामक रोग

संक्रामक रोग, जिनके लिए कुछ जीवाणु, वायरस, फन्जाई या प्रोटोज़ोआ ज़िम्मेदार हैं, कभी-कभी भीषण महामारी का रूप ले लेते हैं। अभी हाल ही में विश्व कोविड-19 जैसी सर्वव्यापी महामारी से उबर पाया है। कई क्षेत्रों में मलेरिया और डेंगू प्रतिवर्ष फैलते हैं। मशीन लर्निंग एल्गोरिदम की सहायता से बेहतर रोग प्रबन्धन किया जा सकता है। रोग के प्रसार की भविष्यवाणी, शीघ्र निदान और औषधि विकास में इसका योगदान रहेगा।

दुर्लभ रोग

दुर्लभ रोग वे रोग हैं, जो बहुत कम लोगों को प्रभावित करते हैं और किसी जनसंख्या में छितरे हुये रूप में होते हैं। यूरोप में प्रति 2000 लोगों में यदि एक व्यक्ति किसी रोग से प्रभावित होता है तो इसे दुर्लभ रोग माना जाता है। दुर्लभ रोग विश्व की 3.5% -5.9% जनसंख्या को प्रभावित करते हैं। लगभग 80% दुर्लभ रोग आनुवंशिक होते

हैं, तथा शेष के लिए जीवाणु या वायरस संक्रमण, एलर्जी और वातावरणीय कारक ज़िम्मेदार होते हैं। अब तक पूरे विश्व भर में क़रीब 7000 प्रकार के दुर्लभ रोगों के मामले सामने आ चुके हैं, जिनमें मात्र 5% का ही उपचार सम्भव है। दुर्लभ रोगों पर अभी तक बहुत कम शोध हुये हैं क्योंकि जागरूकता के अभाव में इनके वास्तविक आँकड़े उपलब्ध नहीं हो पाते। ये छितरे हुये रूप में मिलते हैं और रोग पैथोफिजिओलॉजी के बारे में भी पर्याप्त जानकारी नहीं होती। दवा कम्पनियाँ भी शोध की उच्च लागत के कारण इनमें रुचि नहीं लेती हैं।

जीनोमिक विश्लेषण हेतु हाल ही में विकसित नेक्स्ट जनरेशन सीक्वन्सिंग (NGS) और ओमिक्स प्रौद्योगिकी ने दुर्लभ रोगों के निदान और आणविक स्तर पर समझ को विकसित किया है। इन तकनीकों से रोग से जुड़े जीनों की पहचान की जा सकती है और किसी असामान्य उत्परिवर्तन का पता लगाया जा सकता है। लाक्षणिक निदान में भी कृत्रिम मेधा की सहायता ली जाती है। लगभग 40% दुर्लभ रोगों में चेहरे पर आये परिवर्तन दृष्टिगोचर होते हैं। मशीन लर्निंग एल्गोरिदम की सहायता से ऐसे परिवर्तनों का सूक्ष्मता से मूल्यांकन सम्भव है।

डीप लर्निंग एल्गोरिदम की सहायता से विभिन्न स्रोतों से प्राप्त नैदानिक आँकड़ों (जैसे-आनुवंशिक निदान, लाक्षणिक निदान, रोग प्रभावित क्षेत्र की इमेजिंग, शरीर में जैवरासायनिक बदलाव) के समेकन और विश्लेषण से रोग का निदान पहले से आसान हो गया है। रोग निदान के बाद अगला चरण रोग क्रियाविधि को जानना होता है। उत्परिवर्तन के फलस्वरूप निर्मित असामान्य एँजाइम के उपापचय पथों में प्रवेश की आणविक स्तर पर जानकारी और फिर दवा के विकास तक कृत्रिम मेधा ने इस राह को आसान बनाया है। हालाँकि, दुर्लभ रोगों के मामलों में आँकड़ों की उपलब्धता आज भी एक समस्या है। ज़्यादातर आँकड़े यूरोपीय मूल के लोगों के हैं, जो रोग लक्षणों में विश्व के सभी क्षेत्रों के लोगों का प्रतिनिधित्व नहीं करते। आशा की जा सकती है कि आने वाले समय में दुर्लभ रोगों की चुनौतियों से निपटना आसान होगा।

भारत में स्वास्थ्य के क्षेत्र में कृत्रिम मेधा

भारत में स्वास्थ्य के क्षेत्र में एआई का उपयोग अभी प्रारम्भिक स्तर पर ही है किन्तु यह क्षेत्र अब तेज़ी से आगे बढ़ रहा है। वर्ल्ड इकोनॉमिक फोरम के अनुसार सन् 2025 तक एआई के क्षेत्र में भारत का व्यय 11.78 बिलियन डॉलर तक पहुँचने की उम्मीद है। आईसीएमआर के एआई डिवीजन के हेड डॉ. विष्णु वर्धन राव कहते

हैं कि अभी यूएस, चीन और यूरोपीय देश स्वास्थ्य क्षेत्र में कृत्रिम मेधा का बखूबी उपयोग कर रहे हैं किन्तु अगले पाँच वर्षों में भारत कृत्रिम मेधा उपयोग के मामले में तीसरे या चौथे पायदान पर आ जायेगा। उन्होंने कहा कि एआई के उपयोग से डीमेंशिया और पार्किन्सन जैसे तन्त्रिका रोगों की 30-40 वर्ष पूर्व ही भविष्यवाणी की जा सकती है।

भारत में दुनिया में सबसे ज़्यादा स्वास्थ्य आँकड़े उपलब्ध हो सकते हैं, किन्तु यहाँ इनके व्यवस्थित रूप से संग्रहण की कोई क्रियाविधि नहीं है। अभी हाल ही में ट्रिपल आईटी दिल्ली के शोधार्थियों ने बच्चों के लिए एआई एल्गोरिदम आधारित सुरक्षित आईसीयू डिजाइन किये हैं। इस आईसीयू की मशीनें बता देंगी कि रोगी बच्चे की 8-10 घण्टे बाद क्या स्थिति होगी। इस आईसीयू को डिजाइन करने के लिए यूएस के 200 आईसीयू के आँकड़ों को काम में लिया गया है। 15 लाख डाटा पॉइंट के आधार पर यह प्रोजेक्ट चल रहा है। भारत के अलग-अलग भागों में अब ऐसे आईसीयू डिजाइन किये जायेंगे। ट्रिपल आईटी दिल्ली की यह टीम फिलहाल एँटीबायोटिक्स रेसिस्टेंस के लिए एआई मॉडल विकसित कर रही है जो यह बतायेगा कि कौनसी दवा आने वाले समय में बेअसर होने वाली है।

हृदय स्वास्थ्य के क्षेत्र में भी कार्य किया जा रहा है। भारत में माइक्रोसॉफ्ट का एआई नेटवर्क और अपोलो अस्पताल मिलकर एक मशीन लर्निंग मॉडल विकसित कर रहे हैं जो हृदयाघात के ख़तरे को भाँप लेगा। इसके लिए 4 लाख रोगियों के आँकड़ों का उपयोग किया जा रहा है।

आशा है, भविष्य में कृत्रिम मेधा स्वास्थ्य और औषधि क्षेत्र को नया स्वरूप देने में कामयाब होगी।

सन्दर्भ सूची

- Genes — Free Full-Text Artificial Intelligence (AI) in Rare Diseases : Is the Future Brighter?
- Advances in De Novo Drug Design : From Conventional to Machine Learning Methods — PMC
- Artificial Intelligence and the Future of Surgical Robotics : Annals of Surgery
- Remote patient monitoring using artificial intelligence : Current state, applications, and challenges
- AI in Medicine — NEJM

- Artificial Intelligence in U.S. Health Care Delivery — NEJM
- AI and Medical Education — A 21st-Century Pandora's Box — NEJM
- AI for Virtual Medical Assistants – 4 Current Applications — Emerj Artificial Intelligence Research
- Artificial Intelligence in Radiology : Current Applications and Future Technologies — HealthManagement.org
- Artifici al Intelligence and Machine Learning Technology Driven Modern Drug Discovery and Development — PMC

कृषि के क्षेत्र में कृत्रिम मेधा के अनुप्रयोग

—किरण अय्यर वी.

प्रस्तावना

मानव सभ्यता की स्थापना व विकास में कृषि का योगदान सर्वाधिक है। हवा, पानी और भोजन मानव की सर्वाधिक मूलभूत आवश्यकताएँ हैं। हवा और पानी की प्राप्ति तो प्रकृति से हो जाती है, परन्तु जनसंख्या के अनुरूप आहार की पूर्ति हेतु हम सभी कृषि पर ही निर्भर हैं। प्रत्येक राष्ट्र के आर्थिक क्षेत्र को सर्वाधिक प्रभावित करने वाला अवयव कृषि ही होता है। यह मानव जीवन से सीधे सम्बद्ध है। बढ़ती जनसंख्या के कारण खाद्य आवश्यकताओं में होती वृद्धि परम्परागत कृषि से होने वाली पैदावार से पूरी नहीं हो पा रही थी। ऐसे में फ़सलों के उत्पादन में वृद्धि हेतु कई नयी विधियाँ प्रयोग में लायी गयीं। कृषि का वैज्ञानिक अध्ययन कृषि विज्ञान नामक एक वृहद शाखा के रूप में अस्तित्व में आया। कृषि उपज को बढ़ाने में तकनीकी का योगदान सराहनीय रहा है। इस दिशा में विज्ञान द्वारा विकसित विभिन्न यन्त्र भी अपनी अद्वितीय भूमिका निभा रहे हैं। विभिन्न प्रौद्योगिकियों ने इस दिशा में कई प्रशंसनीय कार्य किये हैं। इस सम्बन्ध में हो रहे शोधों में यह पाया गया कि, कृत्रिम मेधा कृषि उत्पादों में वृद्धि करने के लिए व पशुपालन सम्बन्धी कार्यों के सफलतापूर्वक सम्पादन हेतु आवश्यक कारकों को व्यवस्थित करने व उनमें आवश्यकतानुरूप यथासम्भव परिवर्तन लाने में कारगर सिद्ध हो रही है। कृषि क्षेत्र का अपना एक वैश्विक स्तर है तथा यह प्रतिस्पर्धाओं से परिपूर्ण है।

किसी भी प्रकार की कृषि में विभिन्न प्रक्रियाएँ सम्बद्ध होती हैं जो अधोप्रदर्शित चित्र से स्पष्ट है।

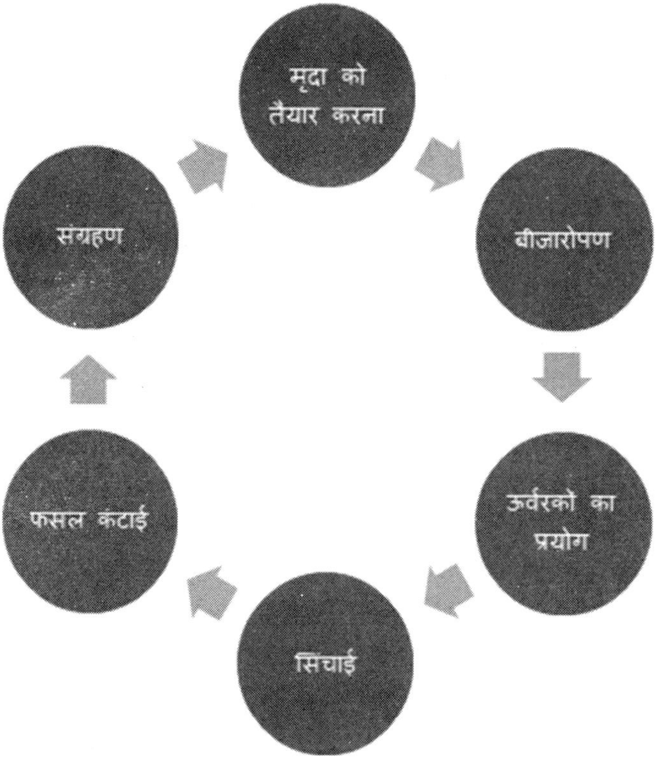

इन सभी प्रक्रियाओं को सुनियोजित ढंग से संचालित कर आवश्यकतानुरूप उत्पाद प्राप्त करने की प्रक्रिया में कृत्रिम मेधा की भूमिका को समझने हेतु हमें इन प्रक्रियाओं से इसकी सम्बद्धता को पहचानना होगा। वर्षा की अनियमितता, मृदा की प्रकृति, प्राकृतिक प्रकोप, खरपतवार व कृमि कीटों द्वारा फ़सलों को पहुँचाया जाना, अनियन्त्रित तापमान व जलवायु वाले दुष्प्रभाव और ऐसे कई कारण हैं जो कृषि को और दूसरे शब्दों में मानव जीवन को प्रभावित करते हैं। जलवायु परिवर्तन व जनसंख्या वृद्धि कृषि को प्रभावित करने वाले कारकों में प्रमुख हैं। ऐसे में कृत्रिम मेधा इस क्षेत्र में अपनी महत्त्वपूर्ण भूमिका का निर्वहन कर सकती है। फ़सलों की गुणवत्ता में वृद्धि व क्विक जी टी एम (गो टू मार्केट) रणनीति कृषि में बहुत कारगर सिद्ध हो रही हैं।

वर्तमान में कृत्रिम बुद्धिमत्ता से लैस कृषि उपकरणों ने कृषि व्यवस्था की कायापलट कर दी है। विभिन्न सरकारी एजेंसियाँ तथा निजी कम्पनियाँ इस दिशा में

अनुसन्धान कार्य में रत हैं। उत्पादन में तेज़ी से वृद्धि करने की दिशा में आने वाली समस्याओं के निदान के लिए तकनीकी, लचीलापन, उच्च उत्पादकता तथा उच्च स्तरीय निष्पादन व प्रबन्धन हेतु कृत्रिम मेधा का प्रयोग हो रहा है क्योंकि कृत्रिम मेधा कम्प्यूटरीकृत प्रणाली, जटिल अभिक्रियाओं, मॉडलिंग तथा तर्क अभिगम को स्वयं में समाहित करती है। इन सभी तकनीकी के अनुप्रयोगों के लिए कृषकों और तकनीकी के बीच दूरी को पाटना नितान्त आवश्यक है। इस सम्बन्ध में किसानों की मदद के लिए आभासी रूप से चाट-बॉट की व्यवस्था की गयी है जिससे उन्हें कृषि से सम्बन्धित सारी सूचनाएँ, सुझाव व कई अनुशंसाएँ प्राप्त होती हैं। और वे तकनीकी के साथ स्वयं को सहज अनुभव करते हैं। जहाँ एक ओर वैज्ञानिक विधि द्वारा सेंसरों का प्रयोग कर पौधों के लिए आवश्यक आर्द्रता, वायुदाब, मिट्टी की ऊर्वरता आदि का ध्यान रखा जा रहा है वहीं कृषकों को एसएमएस के आधार पर सूचना देकर उन्हें इन स्वचालित कृषि पद्धतियों के प्रति जागरूक भी किया जा रहा है।

कृत्रिम बुद्धिमत्ता की सहायता से स्वस्थ फ़सलों का उत्पादन, मृदा का मानीटरण, तथा फ़सलों के लिए आवश्यक परिस्थितियों के सम्बन्ध में तथ्यों का एकत्रीकरण कर, कृषि के क्षेत्र में आमूलचूल परिवर्तन लाया जा सकता है। इस तकनीक की सहायता से मौसम की सटीक भविष्यवाणी, मिट्टी में उपलब्ध पोषक तत्त्वों से सम्बन्धित सूचना जिससे उर्वरकों के चुनाव में आसानी हो, ड्रोन की सहायता से फ़सल के स्वास्थ्य का नियमित (रियल टाइम) मानीटरण (लिए गये फ़ोटो के द्वारा उनका सतत अध्ययन), कृषि के लिए आवश्यक कम्प्यूटर प्रोग्रामिंग के द्वारा फ़सलों का चक्रण, जल व मृदा प्रबन्धन, बीजों का चयन, बीमारी का पता लगाना व उसकी रोकथाम, उपलब्ध भूमि का अधिकतम उपयोग, खरपतवार का नाश, मृदा के पोषक तत्त्वों का प्रबन्धन, खेती का समयानुकूल निर्धारण, कृषि उत्पाद की मार्केटिंग आदि कार्य सम्पादित किये जा सकते हैं। कृषि रोबोटिक्स इस दिशा में एक अत्यन्त कारगर उपाय है। रोबोट की सहायता से कृषि के क्षेत्र में सटीक कृषि (प्रेसाइज़ फार्मिंग), सही जगह, सही समय व सही उत्पाद की प्रणाली (Right place, Right time, and Right products) से कृषि उपज में आशातीत वृद्धि सम्भव है। रोबोटिक्स तथा स्वचालित प्रणाली (आरएएस) से भविष्य में वैश्विक व्यवसाय व कृषि उत्पादन में तेज़ी से बदलाव आयेगा। वर्तमान में तो कृत्रिम वर्षा कराने की तकनीक भी प्रयोग में लायी जा रही है।

इस सम्बन्ध में कई स्टार्टअप्स ने अपना विस्तार किया है—जैसे: प्रोस्पेरा (इमेजिंग विधि), ब्लू रिवर तकनीकी (रोबोटिक व कम्प्यूटर तकनीकी), फार्म बॉट (सटीक कृषि हेतु कृषि तकनीकी पैकेज का निर्माण), फ़सल (स्वचालित मानीटरण विधि), वन सॉइल (मशीन लर्निंग एल्गोरिदम के द्वारा सटीक कृषि) आदि।

उपर्युक्त कृत्रिम मेधा तकनीकी के प्रयोगों से सही व सटीक निर्णय लेने की क्षमता का विकास होता है, समय की बचत होती है तथा कामगारों की कमी से उत्पन्न समस्याओं का निदान भी होता है। कृषि के साथ-साथ पशुधन प्रबन्धन जिसमें पशुओं के स्वास्थ्य, उनके द्वारा ग्रहण किये जाने वाले आहार की मात्रा, उनके द्वारा प्राप्त उत्पादों का परिमाण, उन उत्पादों की बिक्री व मार्केटिंग की योजना व अन्य आँकड़ों का संग्रहण कर उसे कम्प्यूटिंग विधियों द्वारा लाभप्रद स्तर तक पहुँचाना भी आज कृत्रिम मेधा की तकनीकी से सम्भव हो गया है। भविष्य में इस दिशा में अनन्त सम्भावनाएँ दृष्टिगोचर होती हैं।

विश्व में कृषि क्षेत्र में जल की खपत अपेक्षाकृत सबसे अधिक होती है। बढ़ती जनसंख्या को ध्यान में रखते हुये की जाने वाली उपज में बढ़ाव व तदनुरूप यह खपत बढ़ती ही जा रही है। एक पौधे का वाष्पोत्सर्जन जो वातावरण की आर्द्रता, हवा की गति, सूर्य की किरणें, पौधे के विकास के स्तर, वृक्ष का घनत्व, मिट्टी की विशेषताएँ आदि पर निर्भर करता है। उसके आधार पर स्वचालित सिंचाई की समुचित व्यवस्था करने में कृत्रिम मेधा तकनीकी प्रयुक्त होती है। स्मार्ट सेंसर से लैस इस पद्धति को स्मार्ट सिंचाई विधि भी कहा जाता है जिसमें अपेक्षाकृत कम मानव संसाधन की आवश्यकता होती है।

कृत्रिम मेधा तकनीकी के प्रयोग से जहाँ एक ओर उत्पादकता में वृद्धि होती है वहीं दूसरी ओर कृषकों की आवश्यकताओं के अनुरूप फ़सलों व बीजों के चुनाव में भी सरलता आती है जिससे बाज़ार, व्यापार, वार्षिक पैदावार, उपभोक्ता आवश्यकताओं की पूर्ति इन सभी दृष्टियों से उन्नति होती है।

कृषि उत्पादकता में वृद्धि के लिए यह आवश्यक है कि खरपतवार को नष्ट किया जाये, जो मृदा से पोषक तत्त्व चूसकर पौधों को नुक़सान पहुँचाते हैं तथा कृषि प्रक्रियाओं में भी बाधा पहुँचाते हैं। इस सम्बन्ध में कई ऐसी विधियाँ विकसित हुई हैं जो फ़सल व खरपतवार के बीच अन्तर कर खरपतवार को नष्ट करती हैं। इस सम्बन्ध में मशीनों में कृत्रिम मेधा विकसित कर उन्हें यह अन्तर करने तथा उसे बिना फ़सल को नुक़सान पहुँचाये खरपतवार को नष्ट करने सम्बन्धी सूचनाएँ सहेजी जाती हैं। केरल के श्री प्रिंस मम्मन द्वारा विकसित फ्रीमैन रोबोट भी इस दिशा में

कार्यरत है। इनके द्वारा निर्मित गार्डो नामक रोबोट बागवानी सम्बन्धित क्रियाकलापों में सहायता करता है और इसके साथ ही ऐसे अन्य उपकरण ग्रामीणों की कृषि सम्बन्धित समस्याओं का कृत्रिम मेधा तकनीकी का प्रयोग कर निदान कर रहे हैं। खरपतवार के नाश में रोबोट के साथ लेसर पद्धति भी प्रयुक्त हो रही है जो खरपतवार के सम्बन्ध में पहले से तैयार किये गये डेटा के आधार पर केवल उन पर खरपतवार नाशी का प्रयोग कर नियन्त्रण ऱखती है और फ़सल पर इसका कोई प्रभाव नहीं पड़ने देती। रसायन के प्रयोग से खरपतवार के नाश करने की विधि को पर्यावरण के लिए उपयोगी न मानकर इसके लिए रसायन मुक्त आर्गेनिक कृषि पद्धतियाँ भी कृत्रिम बुद्धिमत्ता तकनीकी का सहारा ले रही हैं। इस दिशा में वोल्टेज़ आधारित पद्धतियों के द्वारा खरपतवार का नाश उन्हें स्पार्क देकर भी किया जाता है।

रिमोट कंट्रोल चालित ड्रोन वर्तमान में कृषि क्षेत्र में क्रान्ति लाने वाले महत्त्वपूर्ण कारक बन चुके हैं। जीपीएस तथा अन्य सेंसरों से लैस ये फ़सल के स्वास्थ्य, सिंचाई, खरपतवार, पशुधन, आपदा आदि के बारे में जानकारी प्राप्त कर सहेजने का कार्य करते हैं। सहेजी गयी यह जानकारी उन्नत कृषि के लिए अत्यावश्यक है। कृषि क्षेत्र में प्रयुक्त ड्रोन की माँग लगातार बढ़ती जा रही है। बीजों, खरपतवारनाशी व उर्वरकों के छिड़काव के लिए कृत्रिम मेधा आधारित विभिन्न पद्धतियों जैसे गतिज ऊर्जा स्प्रेयर, गैस ऊर्जा स्प्रेयर, हाइड्रोलिक ऊर्जा स्प्रेयर आदि का प्रयोग किया जाता है।

फ़सलों के उत्तम मानीटरण की विधियाँ भी कृत्रिम मेधा तकनीकी द्वारा विकसित हुई हैं। हाईटेक कैमरों से निगरानी, हवाई सर्वे, मौसम की जानकारी, फ़सल की मैपिंग व उसका प्रबन्धन इत्यादि के लिए सॉफ्टवेयर पर आवश्यक प्रोग्रामिंग की जाती है। फ़सल की मात्रा की गणना, उसका प्रसंस्करण व उसका प्रबन्धन भी कृत्रिम मेधा तकनीकी द्वारा सरलता से किया जा रहा है।

कृषि क्षेत्र में प्रयुक्त इस कृत्रिम मेधा तकनीकी की कुछ सीमाएँ भी है :

1. अधिकांश लोगों में इसके प्रति आशानुरूप जागरूकता नहीं है। अभी भी कृषकों व तकनीकी के बीच एक गहरा अन्तर है। अत: इस अन्तर को दूर करने के लिए इस सम्बन्ध में कृषकों को आधारभूत प्रशिक्षण दिया जाना अत्यन्त आवश्यक है। कई बार नित नवीन तकनीकी से कृषकों के परिचित न होने से इन तकनीकी उपकरणों के प्रयोग हेतु कृषकों को मनाना बहुत कठिन होता है।

2. कृत्रिम मेधा की तकनीकी के सम्बन्ध में कोई ठोस विनियम इत्यादि अभी लागू नहीं हुये हैं, ऐसी स्थिति में निजता व गोपनीयता को ख़तरा होने की पूरी सम्भावना है तथा आँकड़ों के लीक होने की समस्या झेलनी पड़ती है।
3. परिशुद्धता (एक्यूरेसी) व अनुक्रिया काल (रेस्पोंस टाइम) दोनों में से किसी एक में होने वाली समस्या पूरी प्रणाली को प्रभावित करती है।
4. इस प्रणाली में बिग डाटा की आवश्यकता होती है जिसका आवश्यकतानुसार चयन (फिल्टर) किया जाना भी अत्यन्त आवश्यक होता है जो कि एक जटिल कार्य है।
5. तकनीकी के कार्यान्वयन के उचित प्रशिक्षण की नितान्त आवश्यकता होती है जिससे गति व परिशुद्धता बनी रह सके। इस सम्बन्ध में युद्ध स्तर पर कार्य नहीं हो रहा है, जो कि वर्तमान की महती आवश्यकता है। अभी भी कई कृषक परम्परागत कृषि में संलग्न हैं और भाग्य के भरोसे बैठे हैं।
6. कई बार यह तकनीकी बहुत महँगी हो जाती है, क्योंकि आवश्यक आँकड़ों की प्राप्ति का मूल्य अधिक होता है। इस समस्या का निदान सरकारी सहायता से सम्भव है।
7. कुशल श्रमिकों की कमी आज विकास के हर क्षेत्र में दिखाई देती है। इस समस्या के समाधान हेतु अनुसन्धान और विकास द्वारा कृत्रिम मेधा से तकनीकी का नित नवीन विकास करना अत्यावश्यक है।
8. वर्तमान की अनियन्त्रित जनसंख्या वृद्धि व जलवायु परिवर्तन से उत्पन्न हो रही विषम परिस्थितियों में तकनीकी को पर्यावरण से सम्बद्ध करना भी अति आवश्यक है जो कि एक महत्त्वपूर्ण चुनौती है।

निष्कर्ष

इस प्रकार यह स्पष्ट है कि, कृषि क्षेत्र में कृत्रिम मेधा के कई अनुप्रयोग है। वर्तमान की जनसंख्या वृद्धि के मद्देनज़र इसकी आवश्यकता और भी अधिक अनुभव हो रही है। कृत्रिम मेधा तकनीकी द्वारा रियल टाइम मानीटरण, रियल टाइम सेंसरों व ड्रोन द्वारा प्राप्त दृश्य अनालिटिक्स आँकड़ों का मानीटरण व कम्प्यूटिंग से विभिन्न तकनीकी का उपयोग कर अधिकतम उत्पादन की प्राप्ति, मशीन लर्निंग एल्गोरिदम द्वारा उत्पादन की त्रिविमीय मैपिंग द्वारा फ़सल की योजना बनाना, पीड़कनाशी प्रबन्धन का में सुधार, कृषि उपज के मूल्यों का पूर्वानुमान, संज्ञानात्मक

कम्प्यूटरी से मानवीय विचारधाराओं का अनुकरण, चैटबॉट सुविधाओं द्वारा कृषकों की सहायता, सुदूर संवेदन तथा निकटता आँकड़ों का संलयन, इंटरनेट ऑफ़ थिंग्स (वस्तु अन्तर्जाल) साधनों से इस दिशा में सतत अध्ययन जिससे असंरचित आँकड़ों को संरचित आँकड़ों में आवश्यक परिवर्तित कर दक्षता, लाभ व धारणीयता में वृद्धि किया जाना आदि सम्भव हुआ है। साथ ही यह बात ध्यान देने योग्य है कि, ये सभी कृत्रिम मेधा के ही अनुप्रयोग है। इन अनुप्रयोगों द्वारा देश की अर्थव्यवस्था का एक महत्त्वपूर्ण घटक कृषि, जो कि खाद्य सुरक्षा की पृष्ठभूमि है, लाभान्वित हो रही है। इस दिशा में हो रहे अनुसन्धान पर सरकारों को और अधिक रुचि दिखाने तथा प्रोत्साहन प्रदान करने की आवश्यकता है जिससे यह और भी कई कीर्तिमान स्थापित करने में सफल होगा। कृषि में कृत्रिम मेधा के प्रयोग से कृषि की कई प्रक्रियाएँ स्वचालित हो जायेंगी जिससे आसान और कुशल खेती से किसानों के लाभ में तो वृद्धि होगी ही साथ ही जोखिम में भी कमी आयेगी। इस दिशा में विकास के लिए आवश्यकता है कृषकों के जागरुक होने की और कृत्रिम मेधा से लैस नवीन कृषि प्रणाली अपनाने की। इस जागरुकता से ही कुशल कृषकों का निर्माण होगा। इस दिशा में आवश्यकतानुसार नियम भी बनाये जाने चाहिए जो मानव समुदाय के लिए अति आवश्यक है। कृषि प्रणाली में कृत्रिम मेधा के अनुप्रयोगों के बारे में अध्ययन से यह स्पष्ट हो जाता है कि इस क्षेत्र में अनन्त सम्भावनाएँ हैं और विश्व के सभी देश इस दिशा में जागरुकता के साथ आगे बढ़ रहे हैं जो देशों के विकास का मार्ग प्रशस्त करता है।

कृत्रिम बुद्धि और प्राकृतिक भाषा संसाधन
(AI and NLP)

-डॉ. धनजी प्रसाद

प्रस्तावना

मानव सभ्यता के विकास में 20वीं शताब्दी डिजिटल क्रान्ति की शताब्दी रही है। इसमें कम्प्यूटर और इंटरनेट के आविष्कार के माध्यम से सम्पूर्ण मानव जगत के जीवन में इतना आमूल-चूल परिवर्तन हुआ है कि हम कह सकते हैं कि इसने आधुनिक मानव सभ्यता कों डिजिटल मानव सभ्यता के रूप में परिवर्तित करने का काम किया है। पिछले तीन-चार दशकों में कम्प्यूटर और इंटरनेट ने किसी-न-किसी रूप में हमारे जीवन-जंगत को प्रभावित किया है। न केवल प्रभावित किया है बल्कि इंटरनेट, वेबसाइट, सोशल मीडिया, ई-कॉमर्स आदि के माध्यम से इसने प्रत्येक उपभोक्ता व्यक्ति (user) की एक डिजिटल छवि (digital image) भी निर्मित की है। यदि हम एक इंटरनेट उपभोक्ता हैं तो हमारे व्यक्तिगत या भौतिक जीवन के साथ-साथ हमारा एक डिजिटल जीवन (digital life) भी है। कम्प्यूटर जगत में हुये निरन्तर संवर्धन, परिष्कार तथा मोबाइल क्रान्ति और स्मार्टफ़ोन के आगमन के पश्चात मानव जीवन काफ़ी बदल चुका है। इसमें अत्यन्त सरलता और सहजता का आगमन हुआ है। स्मार्टफ़ोन क्रान्ति ने तो सम्पूर्ण विश्व को एक 'गाँव' बनाते हुये 'विश्व ग्राम' (global village) की संकल्पना को साकार किया है।

इस प्रकार की उत्कृष्ट क्रान्ति से गुज़रने के पश्चात मन में एक प्रश्न उठना स्वाभाविक था कि अभी तक इतना हो गया तो आगे क्या होगा? इसका उत्तर हमें पिछले दो दशकों में मिला है, जब एक नयी तकनीकी क्रान्ति की ओर हम फिर बढ़ते जा रहे हैं। उस क्रान्ति का नाम है—'कृत्रिम बुद्धि' (Artificial Intelligence—AI)। यह एक प्रक्रिया है, कार्य है, बुद्धि का एक प्रकार है, तथा ज्ञान-विज्ञान और मानव जीवन को बदलने वाला एक बहुत विस्तृत क्षेत्र भी है। आज हमारे जीवन के

हर क्षेत्र में किसी-न-किसी रूप में कृत्रिम बुद्धि (AI) की बात की जाने लगी है। यह अध्याय कृत्रिम बुद्धि का आवश्यक सैद्धान्तिक ज्ञान प्रदान करता है और उसके परिप्रेक्ष्य में प्राकृतिक भाषा संसाधन के आधारभूत पक्षों का भी समावेश करता है।

2.0 कृत्रिम बुद्धि (Artificial Intelligence)

'कृत्रिम बुद्धि' (AI) एक व्यापक अवधारणा है। जब कहीं कृत्रिम बुद्धि (AI) शब्द का प्रयोग किया जाता है तो उससे कई प्रकार की चीज़ों का बोध एक साथ होता है। इसे संक्षेप में निम्नलिखित बिन्दुओं के अन्तर्गत समझ कहते हैं—

2.1 कृत्रिम बुद्धि से तात्पर्य

मशीन (कम्प्यूटर) में मनुष्य द्वारा स्थापित बुद्धि 'कृत्रिम बुद्धि' (AI) है। यह बुद्धि मनुष्य या अन्य प्राणियों की सामान्य बुद्धि की तरह नहीं होती, बल्कि उद्‌देश्य आधारित होती है। वास्तव में जिन्हें हम कम्प्यूटर की कृत्रिम बुद्धि कहते हैं, वे विशेष प्रकार के प्रोग्राम होते हैं, जो विभिन्न प्रकार के एल्गोरिदमों द्वारा इस प्रकार से संचालित होते हैं कि वे परिस्थितियों के स्वरूप की पहचान करते हुये समुचित निर्णय लेने में सक्षम होते हैं। इस प्रक्रिया में एक विकासकर्ता (Developer) होता है, जो सबसे पहले यह निर्धारित करता है कि अपने कम्प्यूटर प्रोग्राम के माध्यम से कौन-सा कार्य सम्पन्न कराना है? इसके पश्चात उस कार्य से सम्बन्धित आवश्यक डेटा और नियम प्रदान करता है, जिससे प्रोग्राम अपने लक्ष्य की सभी सम्भावनाओं पर तर्क करते हुये उनमें से समुचित लक्ष्य की प्राप्ति का निर्णय लेने में सक्षम हो जाता है। उस प्रकार उस मशीनी प्रणाली या प्रोग्राम में किसी एक कार्य या एकाधिक कार्यों को कुशलतापूर्वक सम्पादित करने की क्षमता विकसित हो जाती है।

अतः सूत्र रूप में कृत्रिम बुद्धि को इस प्रकार से स्पष्ट कर सकते हैं :

कृत्रिम बुद्धि (AI) = किसी कार्य विशेष या एकाधिक कार्यों को कुशलतापूर्वक सम्पन्न करने की मशीनी क्षमता।

2.2 एक ज्ञानक्षेत्र के रूप में कृत्रिम बुद्धि

मशीनों में कृत्रिम बुद्धि का विकास करना एक जटिल कार्य है। इसके लिए विविध प्रकार के सैद्धान्तिक ज्ञान और कौशल की आवश्यकता पड़ती है। कृत्रिम बुद्धि सम्बन्धी कार्य के लिए जिन क्षेत्रों और कौशलों का ज्ञान आवश्यक होता है, उन्हें बिन्दुवार इस प्रकार से देख सकते हैं :

- सांख्यिकीय विश्लेषण और नियमों के अनुप्रयोग का ज्ञान
- प्रोग्रामिंग और डेटाबेस प्रबन्धन (DBMS) का ज्ञान
- डेटा प्रबन्धन का ज्ञान
- समस्या के विषयक्षेत्र का ज्ञान

सांख्यिकीय तकनीकों के माध्यम से ही अधिगम सम्बन्धी एल्गोरिद्म और मॉडल निर्मित होते हैं। अतः इनसे सम्बन्धित ज्ञान आवश्यक होता ही है, इसके अलावा जिस कार्य से सम्बन्धित प्रोग्राम का विकास करना होता है उस कार्य से सम्बन्धित संरचित डेटा की भी आवश्यकता पड़ती है। कृत्रिम बुद्धि सम्बन्धी कार्य करने के लिए इस क्षेत्र में सर्वप्रथम गहन अध्ययन और शोध की आवश्यकता पड़ती है। कृत्रिम बुद्धि युक्त मशीनों के विकास के लिए 'अध्ययन-अध्यापन, शोध और प्रोग्राम का विकास' इन सभी को समेकित रूप से 'कृत्रिम बुद्धि' (AI) ही कहते हैं। अपने इस रूप में 'कृत्रिम बुद्धि' शब्द मशीन में स्थापित बुद्धि को अभिव्यक्त करने के बजाय एक 'ज्ञानक्षेत्र' को अभिव्यक्त करता है। आज कृत्रिम बुद्धि शब्द का प्रयोग सामान्यतः एक ज्ञानक्षेत्र के रूप में ही होता है।

2.3 कृत्रिम बुद्धि के क्षेत्र (Areas of AI)

कृत्रिम बुद्धि के अन्तर्गत जिन क्षेत्रों में अथवा जिन प्रक्रियाओं से सम्बन्धित कार्य किया जाता है, उन्हें 'कृत्रिम बुद्धि के क्षेत्र' (Areas of AI) कहते हैं। वैसे इन्हें कुछ स्थानों पर 'कृत्रिम बुद्धि के उपक्षेत्र' (Sub-fields of AI) भी कहा गया है। इन क्षेत्रों को निम्नलिखित चित्र के माध्यम से प्रदर्शित किया जा सकता है :

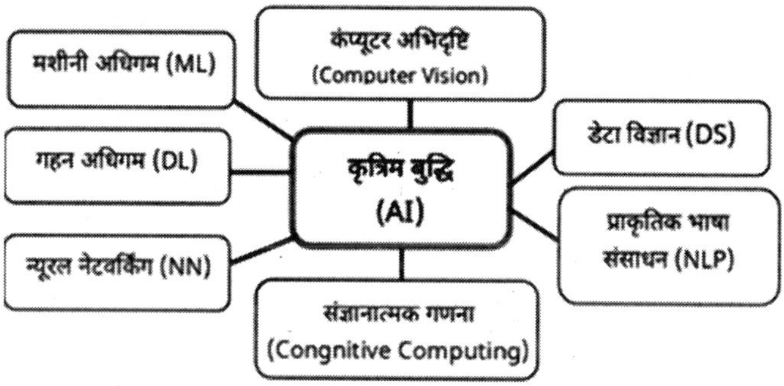

चित्र 1.0

यहाँ पर उक्त सभी को विस्तार नहीं दिया जा रहा है, बल्कि केवल 'प्राकृतिक भाषा संसाधन' (NLP) की विस्तृत चर्चा आगे की जा रही है।

3.0 प्राकृतिक भाषा संसाधन (Natural Language Processing—NLP)

प्राकृतिक भाषा संसाधन (NLP) के बारे में निम्नलिखित उपशीर्षकों के माध्यम से समझ सकते हैं :

3.1 प्राकृतिक भाषा संसाधन (NLP) क्या है?

मानव भाषाओं के ज्ञान को मशीन में स्थापित करने तथा उसके माध्यम से मशीन द्वारा मानव भाषाओं से सम्बन्धित कार्य सम्पन्न कराने की विधि एवं प्रक्रिया को समेकित रूप से 'प्राकृतिक भाषा संसाधन' (Natural Language Processing—NLP) नाम दिया जाता है। अतः इसे सूत्र रूप में निम्नलिखित प्रकार से दर्शा सकते हैं :

प्राकृतिक भाषा संसाधन (NLP) = 'मानव भाषाओं का मशीन या कम्प्यूटर में संसाधन' अथवा 'मानव भाषाओं का मशीन या कम्प्यूटर द्वारा संसाधन'।

अतः इसके लिए दो विषयों का योग आवश्यक है—कम्प्यूटरविज्ञान और भाषाविज्ञान। मानव भाषाओं के मशीनी संसाधन से सम्बन्धित कार्य और अध्ययन-अध्यापन दो अन्तरानुशासनिक ज्ञानशाखाओं के अन्तर्गत किया जाता है—संगणकीय भाषाविज्ञान (Computational Linguistics—CL) और भाषा प्रौद्योगिकी (Language Technology—LT)। इन दोनों ही विषयों का उद्देश्य प्राकृतिक भाषा संसाधन (NLP) है, किन्तु दोनों की पृष्ठभूमि में अन्तर है। भाषा प्रौद्योगिकी में भी प्राकृतिक भाषा संसाधन का कार्य किया जाता है, किन्तु काम करने वाले लोग 'भाषाविज्ञान' पृष्ठभूमि के होते हैं, केवल वे कम्प्यूटर या मशीन का उतना ही हिस्सा सीखते हैं, जिससे प्राकृतिक भाषा संसाधन हो सके। इसी प्रकार संगणकीय भाषाविज्ञान में भी प्राकृतिक भाषा संसाधन का कार्य किया जाता है, किन्तु उसमें काम करने वाले लोग 'कम्प्यूटरविज्ञान' पृष्ठभूमि के होते हैं, केवल वे भाषाविज्ञान का उतना ही हिस्सा सीखते हैं, जिससे प्राकृतिक भाषा संसाधन हो सके।

3.2 प्राकृतिक भाषा संसाधन (NLP) की प्रक्रिया

मशीनी संसाधन की कोई भी प्रक्रिया तीन चरणों में सम्पन्न होती है—इनपुट, संसाधन और आउटपुट। इस दृष्टि से विचार किया जाये तो प्राकृतिक भाषा संसाधन (NLP)

में मानव भाषाओं का इनपुट दो प्रकार से दिया जाता है—पाठ (Text) और वाक् (Speech)। इन दोनों पर आवश्यक संसाधन की प्रक्रिया सम्पन्न करने के पश्चात मशीन द्वारा आउटपुट निर्मित किया जाता है, जो इन्हीं दोनों में से किसी भी प्रकार का हो सकता है। इस क्रम में 'संसाधन' के अन्तर्गत दो प्रकार की प्रक्रियाएँ सम्पन्न होती हैं—प्राकृतिक भाषा विश्लेषण (Natural Language Analysis—NLA) और प्राकृतिक भाषा प्रजनन (Natural Language Generation—NLG)। अत: इस सम्पूर्ण प्रक्रिया को चित्र रूप में इस प्रकार से दर्शा सकते हैं :

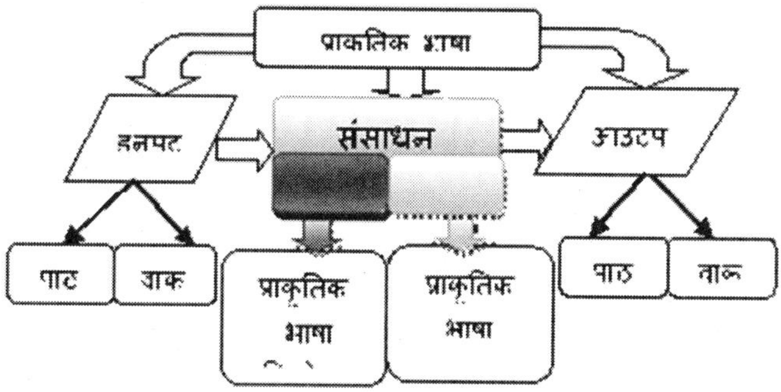

चित्र 1.1

इस प्रक्रिया में 'संसाधन' के अन्तर्गत 'विश्लेषण' और 'प्रजनन' की प्रक्रिया प्रणाली के अनुप्रयोग (application) के अनुसार होता है। अर्थात वह इस आधार पर होता है कि मशीनी प्रणाली द्वारा कौन-सा या किस प्रकार का कार्य किया जा रहा है, जिसे प्राकृतिक भाषा संसाधन (NLP) के अनुप्रयोग क्षेत्र कहते हैं।

3.3 प्राकृतिक भाषा संसाधन (NLP) के अनुप्रयोग क्षेत्र

यहाँ पर 'अनुप्रयोग क्षेत्र' (Applied Areas) शब्द से तात्पर्य उन क्षेत्रों या कार्यों से है, जिनमें या जिनके लिए प्राकृतिक भाषा संसाधन के अन्तर्गत मशीनी प्रणालियों या सॉफ्टवेयरों का विकास किया जाता है। प्राकृतिक भाषा संसाधन के प्रमुख अनुप्रयोग क्षेत्र निम्नलिखित हैं :

- मशीनी अनुवाद (Machine Translation)
- प्रकाशिक अक्षर अभिज्ञान (OCR)
- पाठ से वाक् (Text to Speech)
- वाक् से पाठ (Speech to Text)

- वाक् अभिज्ञान (Voice Recognition)
- सूचना प्रत्ययन (IE/IR)
- पाठ सारांशीकरण (Text Summarization)
- संगणकीय कोशविज्ञान (Computational Lexicology)
- संगणक साधित भाषा अधिगम (Com. assisted Lg. Learning)
- प्रश्न उत्तर / वार्ता प्रणालियाँ (Q.A./ Dialogue Systems)
- वर्तनी और व्याकरण परीक्षण (Spelling and Grammar Checking)

इन सभी से सम्बन्धित सॉफ्टवेयरों के विकास का कार्य प्राकृतिक भाषा संसाधन के अन्तर्गत आता है। उदाहरण के लिए 'गूगल अनुवाद' (Google Translate) के माध्यम से आज हम ऑनलाइन अनुवाद करते हैं। इस 'गूगल ट्रांसलेट' का विकास 'मशीनी अनुवाद' अनुप्रयोग क्षेत्र के अन्तर्गत आयेगा। इसी प्रकार सभी क्षेत्रों से सम्बन्धित भिन्न-भिन्न मशीनी प्रणालियों का विकास किया जाता है। यहाँ इनके बारे में विस्तार नहीं दिया जा रहा है।

प्राकृतिक भाषा संसाधन के अभिगम (Approaches)

प्राकृतिक भाषा संसाधन के मूलत: दो अभिगम हैं :

(क) नियम आधारित अभिगम (Rule based Approach)

इस अभिगम के अन्तर्गत मशीनी प्रणाली का विकास दो चीज़ों के योग से किया जाता है :

- शब्दकोश (Lexicon)
- भाषायी नियम अथवा व्याकरणिक नियम (Linguistic/Grammatical Rules)

इस अभिगम के अन्तर्गत काम करने के लिए गहन भाषावैज्ञानिक पृष्ठभूमि का ज्ञान आवश्यक होता है।

(ख) कार्पस आधारित (सांख्यिकीय) अभिगम (Corpus based (Statistical) approach)

इस अभिगम में विशाल कॉर्पस (Corpus) और सांख्यिकीय नियमों (Statistical Rules) की आवश्यकता होती है। कृत्रिम बुद्धि में प्राकृतिक भाषा संसाधन के अन्तर्गत मुख्यत: यही अभिगम उपयोगी होता है। विशाल कॉर्पस के आधार पर ही विभिन्न अधिगम नियमों (Learning Rules) द्वारा मशीन सीखती है।

इन दोनों के योग से एक तीसरा अभिगम भी विकसित होता है, जिसे '**संकर**

अभिगम' (Hybrid Approach) कहते हैं। जैसा कि नाम से ही स्पष्ट है इसमें 'नियम आधारित' और 'कॉर्पस आधारित' दोनों ही पद्धतियों का योग किया जाता है।

4. कृत्रिम बुद्धि और प्राकृतिक भाषा संसाधन (AI and NLP)

कृत्रिम बुद्धि (AI) और प्राकृतिक भाषा संसाधन (NLP) दोनों एक-दूसरे से इस प्रकार से सहसम्बन्धित हैं कि एक ओर कृत्रिम बुद्धि को प्राकृतिक भाषा संसाधन की आवश्यकता पड़ती है तो दूसरी ओर प्राकृतिक भाषा संसाधन प्रणालियों का विकास भी कृत्रिम बुद्धि युक्तियों के माध्यम से किया जा रहा है। अत: दोनों के बीच सम्बन्ध को हम दो रूपों में समझ सकते हैं :

4.1 प्राकृतिक भाषा संसाधन प्रणालियों के लिए कृत्रिम बुद्धि (AI for NLP Systems)

प्राकृतिक भाषा संसाधन प्रणालियों के विकास में भी कृत्रिम बुद्धि का प्रयोग अब एक प्रकार से अनिवार्य घटक की तरह किया जाने लगा है। 20वीं शताब्दी के उत्तरार्ध तक प्राकृतिक भाषा संसाधन के अन्तर्गत मुख्य रूप से 'नियम आधारित' प्रणालियों का विकास किया गया। इसके लिए रूपान्तरक प्रजनक व्याकरण (TGG), शब्दकोशीय प्रकार्यात्मक व्याकरण (LFG), सामान्यीकृत पदबन्ध संरचना व्याकरण (GPSG), शीर्ष-आधारित पदबन्ध संरचना व्याकरण (HPSG), निर्भरता व्याकरण (DG), संज्ञानात्मक व्याकरण (CG), सम्बन्धपरक व्याकरण (RG), वृक्ष संलग्नक व्याकरण (TAG), कारक व्याकरण (Case Grammar), भूमिका एवं सन्दर्भ व्याकरण (RRG), प्रकार्यात्मक प्रोक्ति व्याकरण (FDG) जैसे विविध व्याकरण फ्रेमवर्कों को आधार बनाया गया। इनके आधार पर विकसित भाषायी उपकरणों और प्रणालियों (Linguistic Tools and Systems) की सीमित क्षमता को देखते हुये यह स्पष्ट हो चुका था कि केवल नियम आधारित अधिगम से भाषायी प्रणालियों का पूर्णत: विकास करना सम्भव नहीं है। इसी समय 'कार्पस' (Corpus) के निर्माण और अनुप्रयोग के क्षेत्र में हुये व्यापक कार्य से यह सिद्ध हो गया कि मानव भाषाओं के विशाल कॉर्पस और मशीनी अधिगम नियमों (सांख्यिकीय नियमों) के योग से ऐसे मॉडल विकसित किये जा सकते हैं, जो विशाल भाषायी डेटा के माध्यम से भाषिक नियमों को स्वत: ही सीख सकते हैं। जब इस पद्धति से भाषायी उपकरणों और प्रणालियों का विकास किया गया, तो उनकी क्षमता नियम आधारित प्रणालियों से अधिक रही। इस प्रकार प्राकृतिक भाषा

संसाधन के लिए कृत्रिम बुद्धि की उपयोगिता स्वत: सिद्ध हो गयी।

इसके पश्चात मशीनी अधिगम अथवा कृत्रिम बुद्धि तकनीकों के माध्यम से प्राकृतिक भाषा संसाधन उपकरणों के विकास की एक विस्तृत शृंखला देखी जा सकती है। पिछले 04-03 दशकों में कई ऐसे फ्रेमवर्क और आधार विकसित किये गये हैं, जिनमें कृत्रिम बुद्धि की तकनीक पर काम करने वाले उपकरण (टूल्स) अत्यन्त शुद्धता के साथ काम कर रहे हैं। एन.एल.टी.के. (Natural Language Toolkit—NLTK) इसका सबसे अच्छा उदाहरण है, जिसके माध्यम से विभिन्न प्रमुख प्रोग्रामिंग भाषाओं, जैसे—पाइथन, आर आदि में सभी भाषिक उपकरणों को इम्पोर्ट किया जा सकता है, तथा उनका प्रयोग किया जा सकता है। एन.एल.टी.के. के माध्यम से प्रोग्रामिंग में प्रयुक्त होने वाले कुछ भाषिक उपकरण निम्नलिखित हैं :

- स्टॉप शब्द अभिज्ञान (Stop words recognition)
- टोकनाइजर (Tokenizer)
- प्रातिपदिक प्राप्तकर्ता (Stemmer)
- टैगर (Tagger)
- चंकर (Chunker)
- व्याकरण (Grammar)
- संवेदना (Sentiment)
- पद-विच्छेदक (Parser)
- कार्पोरा (Corpora)
- मिश्रित (Misc)

आज प्राकृतिक भाषा संसाधन सम्बन्धी किसी भी अनुप्रयोग प्रणाली का विकास करने के लिए प्रोग्रामिंग के समय केवल इन्हें इम्पोर्ट करना होता है। इसे पाइथन टोकनीकरण (Tokenization) के एक उदाहरण से निम्नलिखित प्रकार से समझ सकते हैं :

पाठ का वह भाग विशेष जो किसी एक भाषिक इकाई का कार्य (जैसे—शब्द, पदबन्ध, वाक्य आदि) करता है, Token कहलाता है। पूरे पाठ का इनपुट मिलने के बाद उसे इन भाषिक इकाइयों (वाक्यों, शब्दों आदि) में तोड़ने की प्रक्रिया टोकनीकरण (Tokenization) कहलाती है। NLTK का प्रयोग करते हुये बहुत सरलता से 'वाक्य' और 'शब्द' स्तर पर टोकनीकरण (Tokenization) का कार्य किया जा सकता है। वाक्य स्तर पर टोकनीकरण करने के लिए सबसे पहले वाक्य स्तर का Tokenization tool import करना होता है। इसके लिए पाइथन में

निम्नलिखित कोड करना होगा :

from nltk.tokenize import sent_tokenize

इससे NLTK से टोकनाइजर प्रोग्राम में आ जायेगा। अब इनपुट पाठ लेते हैं। फिर उस पर Tokenization की प्रक्रिया सम्पन्न की जाती है। इसका एक उदाहरण निम्नलिखित है :

```
[10] from nltk.tokenize import sent_tokenize
     text="Hello Mr. Mohan. how are you? The weather is hot.You should eat icecream!"
     tokenized_sent=sent_tokenize(text)
     print(tokenized_sent)

['Hello Mr. Mohan.', 'how are you?', 'The weather is hot.You should eat icecream!']
```

इसमें हम देख सकते हैं कि इनपुट पाठ (text) में 04 वाक्य हैं, जिन्हें sent_tokenize के माध्यम से अलग-अलग कर दिया गया है।

इसी प्रकार शब्द स्तर पर भी टोकनीकरन किया जाता है। इसके लिए पहले शब्द स्तर का Tokenization tool import करते हैं। इसके लिए निम्नलिखित कोड करें :

from nltk.tokenize import word_tokenize

इसके प्रयोग को भी एक उदाहरण से इस प्रकार से समझ सकते हैं :

```
[12] from nltk.tokenize import word_tokenize
     text="Hello Mr. Mohan. how are you? The weather is hot.You should eat icecream!"
     tokenized_word=word_tokenize(text)
     print(tokenized_word)

['Hello', 'Mr.', 'Mohan', '.', 'how', 'are', 'you', '?', 'The', 'weather', 'is',
```

इसमें हम देख सकते हैं कि टूल द्वारा स्वत: ही इनपुट पाठ के शब्दों को अलग-अलग किया जा रहा है। यह टूल विशाल कॉर्पस के साथ मशीनी अधिगम नियमों का प्रयोग करते हुये निर्मित किया गया है, जिसका मूल 'कृत्रिम बुद्धि' में है। ऊपर सूची में दिये टूल्स भी इसी प्रकार से विकसित हैं, तथा इसी प्रकार उन्हें इम्पोर्ट करके प्रोग्राम में सीधे-सीधे उनका प्रयोग किया जा सकता है। यदि यही प्रणाली नियम आधारित पद्धति से बनानी हो, तो उसके लिए विशाल शब्दकोश और ढेर सारे नियमों की आवश्यकता पड़ेगी। कृत्रिम बुद्धि तकनीक के योग से यह कार्य अत्यन्त सरलता से हो जा रहा है। अत: प्राकृतिक भाषा संसाधन उपकरणों और प्रणालियों के विकास में कृत्रिम बुद्धि आज महती भूमिका निभा रहा है।

इसी प्रकार देखा जाये तो प्राकृतिक भाषा संसाधन उपकरणों और प्रणालियों के विकास में सबसे बड़ी समस्या वाक्य में आने वाले शब्दों के सन्दर्भ शब्दों के पहचान की रही है। क्विक (KWIC—Key word in Context) के माध्यम से यह समस्या कृत्रिम बुद्धि तकनीकों का प्रयोग करने पर बहुत हद तक दूर हो जाती है। यही कारण है कि कृत्रिम बुद्धि तकनीकें प्राकृतिक भाषा संसाधन के क्षेत्र में अत्यन्त सहायक सिद्ध हुई हैं।

उदाहरण के लिए गहन अधिगम (Deep learning) का RNN (Recurrent Neural Network) शब्दों के क्रमिक पहचान एवं तदनुरूप नये शब्द के prediction में अत्यन्त सहायक सिद्ध हुआ है। इसे अंग्रेज़ी के तीन शब्दों के एक वाक्य से निम्नलिखित प्रकार से समझ सकते हैं। यहाँ उस वाक्य के प्रथम दो शब्द दिये जा रहे हैं :

How are....

अब यहाँ प्रश्न यह है कि तीसरा शब्द क्या होगा? यदि किसी भी व्यक्ति से इसका सर्वाधिक अनुमानित उत्तर पूछा जाये तो वह 'you' ही बतायेगा, क्योंकि अंग्रेजी भाषी समाज में 'how are you' का प्रयोग आम है। कार्पस के आधार पर प्रशिक्षित कर देने के बाद मशीनी एल्गोरिदम भी यही अनुमान करने की अवस्था में आ जाता है। आजकल जीमेल आदि में यह व्यवस्था आ चुकी है। जैसे ही हम ये दो शब्द टाइप करेंगे, अगले शब्द का prediction वह स्वयं कर देगा। यदि पूर्व वाक्य का भी सन्दर्भ रहे तो एक-दो वर्ण (letters) टाइप करते ही पूरा वाक्य आ जाता है, जैसे :

Hi

DR. DHANJI PRASAD (dhanji.it)

Hi

Hello Mr. Prasad

How are you

इसमें मैंने केवल 'Ho' ही टाइप किया, तब तक आगे के शब्द ख़ुद आ गये। अत: यहाँ कृत्रिम बुद्धि की तकनीक मानव भाषा लेखन के समय अगले शब्द को बताने में सक्षम हो गयी है।

4.2 कृत्रिम बुद्धि के भाग के रूप में प्राकृतिक भाषा संसाधन (NLP as part of AI)

ऊपर कृत्रिम बुद्धि के क्षेत्रों के अन्तर्गत उल्लेख किया जा चुका है कि 'प्राकृतिक भाषा संसाधन' कृत्रिम बुद्धि का एक क्षेत्र या भाग है। कृत्रिम बुद्धि के अन्तर्गत

बुद्धिमान मशीनों के विकास का कार्य किया जाता है। व्यावहारिक बुद्धि का सबसे बड़ा आधार 'भाषा' है। अत: मशीन के अन्तर्गत बुद्धि का विकास करने के लिए यह आवश्यक है कि उसके अन्दर भाषा को समझने तथा उत्पादित करने की क्षमता का भी विकास किया जाये। प्राकृतिक भाषा संसाधन के बिना यह सम्भव नहीं है। अत: प्राकृतिक भाषा संसाधन स्वत: ही कृत्रिम बुद्धि का एक अनिवार्य अंग बन जाता है।

कृत्रिम बुद्धि मशीनों को बुद्धिमान बनाने से सम्बन्धित ज्ञानक्षेत्र और कार्य है। बुद्धि दो प्रकार की होती है—भाषा से स्वतन्त्र (Language Independent) और भाषा आश्रित (Language Dependent)। बुद्धि से युक्त मशीनों और सॉफ्टवेयरों के विकास के क्रम में 'भाषा से स्वतन्त्र' (Language Independent) सॉफ्टवेयर विकसित करने के लिए प्राकृतिक भाषा संसाधन की आवश्यकता नहीं होती। उदाहरण के लिए 'गेमिंग' सम्बन्धी सभी कार्य एक निर्धारित सेटिंग में तर्क (Logic) से संचालित होते हैं। अत: उनसे सम्बन्धित कृत्रिम बुद्धि युक्त सॉफ्टवेयर विकास के लिए प्राकृतिक भाषा संसाधन की आवश्यकता नहीं है। इसी प्रकार चित्र संसाधन सम्बन्धी कार्यों (जैसे—चेहरा पहचान, 3डी एनिमेशन आदि) में भी प्राकृतिक भाषा संसाधन की आवश्यकता नहीं होती। किन्तु ऐसे कार्य जिनमें बुद्धि का प्रयोग करने के लिए 'भाषा' सम्बन्धी कौशलों की भी आवश्यकता हो, से सम्बन्धित सॉफ्टवेयरों के विकास के लिए प्राकृतिक भाषा संसाधन का भी मशीनी प्रणाली में अनुप्रयोग आवश्यक हो जाता है।

निष्कर्ष

बहुत से कार्य ऐसे हैं जिनमें बुद्धि का प्रयोग तो होता है, किन्तु भाषा के पूर्वज्ञान के बिना बुद्धि का प्रयोग सम्भव नहीं होता। ऐसी स्थिति में कृत्रिम बुद्धि युक्त सॉफ्टवेयर, मॉडल या प्रणाली के विकास में प्राकृतिक भाषा संसाधन अनिवार्य अंग बन जाता है। उदाहरण के लिए आजकल 'चैटजीपीटी' का नाम हम लोगों ने ख़ूब सुन रखा है। उसका कार्य पाठों से विशाल कॉर्पोरा के आधार पर प्रश्नों के उत्तर देना एवं किसी शीर्षक (Topic) विशेष पर पाठ तैयार करना है। बिना प्राकृतिक भाषा संसाधन के ये कार्य सम्भव नहीं हैं। अत: यहाँ लगने वाली कृत्रिम बुद्धि में प्राकृतिक भाषा संसाधन अनिवार्य अंग है। गूगल सर्च, ट्रांसलेट, वॉयस टाइपिंग आदि भी कृत्रिम बुद्धि की तकनीकों पर ही कार्य करते हैं, किन्तु उनमें प्राकृतिक भाषा संसाधन सम्बन्धी ज्ञान का अनुप्रयोग किया गया है। तभी वे सर्वोत्तम परिणाम दे पा रहे हैं। मशीनी अनुवाद तो प्राकृतिक भाषा संसाधन का ही अनुप्रयोग क्षेत्र है। इसमें कृत्रिम बुद्धि तकनीकों

का प्रयोग हो रहा है, अत: इसे कृत्रिम बुद्धि के अनुप्रयोग क्षेत्र के रूप में भी देखा जाने लगा है, किन्तु बिना प्राकृतिक भाषा संसाधन के यह कार्य सम्भव ही नहीं है।

इस प्रकार स्पष्ट है कि आज कृत्रिम बुद्धि और प्राकृतिक भाषा संसाधन एक-दूसरे के पूरक के रूप में कार्य कर रहे हैं। एक ओर कृत्रिम बुद्धि सम्बन्धी प्रणालियों के विकास में प्राकृतिक भाषा संसाधन की आवश्यकता पड़ती है, तो दूसरी ओर प्राकृतिक भाषा संसाधन सम्बन्धी उपकरणों और प्रणालियों का विकास भी कृत्रिम बुद्धि तकनीकों (कॉर्पस + मशीनी अधिगम) के बिना सम्भव नहीं जान पड़ रहा है।

सन्दर्भ

- प्रसाद, धनजी. (2019). हिन्दी का संगणकीय व्याकरण. नयी दिल्ली : राजकमल प्रकाशन।
- Allen, James F. (1995). Natural language understanding. Pearson Education.
- Bunt, Harry & Muskens, Reinhard. (2008). Computing Meaning Volume 3. Springer.
- Mishra B.K. & Kumar, Raghvendra. (2020). Natural Language Processing in Artificial Intelligence. United States : Apple Academic Press.
- Sankar, K., Jackovich, Jackovich, J., Richards, R. (2020). The Applied AI and Natural Language Processing Workshop : Explore Practical Ways to Transform Your Simple Projects Into Powerful Intelligent Applications. United Kingdom: Packt Publishing.
- Thanaki, J. (2017). Python Natural Language Processing. India : Packt Publishing.
- Winston. Artificial Intelligence, 3/E. (1992). India: Pearson Education.

चैट-जीपीटी कृत्रिम बुद्धिमत्ता का चरम

—प्रमोद भार्गव

प्रस्तावना

मानव-मस्तिष्क में स्थित बुद्धि की तरह काम करने वाली यान्त्रिक प्रौद्योगिकी चैट-जीपीटी के अस्तित्व और भविष्य की सकारात्मक व नकारात्मक सम्भावनाओं को लेकर विमर्श छिड़ा है। ऐसा इसलिए, क्योंकि एक तरफ़ तो इसे बढ़ावा देने के लिए उद्योगपति ख़ूब पूँजीनिवेश कर रहे हैं, वहीं दूसरी ओर कृत्रिम बुद्धिमत्ता यानी आर्टिफ़िशियल इंटेलिजेंस (एआई) के हज़ारों जानकारों और तकनीकी कम्पनियों के अधिकारियों ने चैट-जीपीटी तथा ओपनयेआई जैसी मशीनों पर प्रतिबन्ध लगाने की माँग की है। जबकि इसे अभी सम्पूर्ण रूप से प्रयोग में लाने से पहले पूर्व समीक्षा (प्री-रिव्यू) के ऩाते सीमित क्षेत्र में बाज़ार में लाया गया है। हालाँकि एआई शोधकर्ता, चैट-जीपीटी को वेब ब्राउजर और आईफोन जैसे महत्त्वपूर्ण बदलाव के बहाने इसकी महिमा के गुणगान में लगे हैं। लेकिन जो पक्ष जीपीटी पर प्रतिबन्ध की माँग कर रहा है, उसका दावा है कि इसके इस्तेमाल पर लगाम नहीं लगायी तो मनुष्यता तबाह हो जायेगी। जबकि इसके निर्माता सैम आल्टमैन और एलन मस्क मानते हैं कि इस नवीनतम तकनीक से समृद्धि आयेगी एवं नये ऱोज़गार सृजित होंगे। बावजूद वे भी इससे होने वाली हानि से आशंकित हैं। यदि जीपीटी को वैश्विक बाज़ार मिल जाता है तो इसकी अगली परिष्कृत कड़ी 'चैटबॉट' होगी, जिसके माध्यम से मृतकों से वार्तालाप सम्भव हो सकेगा।

चैट-जीपीटी है क्या?

आइए पहले जानते हैं कि आख़िर दुनिया में हलचल मचाने वाली यह तकनीक है क्या? क्योंकि अन्तर्जाल पर इसकी चर्चा ख़ूब हो रही है। लोगों में यह जानने की जिज्ञासा है कि क्या यह तकनीक गूगल सर्च इंजन को एक चुनौती के रूप में

पेश आ सकती है? दरअसल यह तकनीक (टेक्स्ट) को खोजने में तो सक्षम है ही, यह कविता, आलेख और लघु-कथाएँ प्रयोगकर्ता के इशारे पर लिखने में भी समर्थ है। वह भी स्वरचित और मौलिक! जो लोग इसके प्रयोग से पूर्व समीक्षा में लगे हैं, वही इसकी महिमा के बखान में लगे हैं और उन्हीं में से कुछ इसे मनावता के लिए बड़ा ख़तरा बता रहे हैं। चैट-जीपीटी का पूरा नाम 'चैट-जेनरेटिव प्रिंटेड ट्रांस्फार्मर' है। इसे हिन्दी में 'उत्सर्जित-रूपान्तरित मुद्रित वार्तालाप' कह सकते हैं। इस कृत्रिम-मेधा के सॉफ्टवेयर को एलन मस्क तथा सैम आल्टमैन की कम्पनी ओपन एआई ने तैयार किया है।

सैनफ्रांसिस्को में इसे 30 नवम्बर 2022 को आरम्भ करके सार्वजनिक किया गया था। इसके ज़रिये सरलता से शब्द और वाक्य लिखकर बातचीत कर सकते हैं। इसकी विलक्षणता यह है कि इसे कोई विषय देकर कविता, निबन्ध, लेख, लघु कहानी या समाचार भी लिखवाये जा सकते हैं। इसके द्वारा लिखी रचना तो स्वरचित एवं मौलिक होगी, लेकिन यह नितान्त मौलिक नहीं होगी, क्योंकि यह उन्हीं शब्दों और पाठों के माध्यम से रचना को सृजित करेगी जितने सॉफ्टवेयर में दर्ज हैं। इस लिहाज से चैट-जीपीटी मनुष्य की अनन्त कल्पनाशीलता तक नहीं पहुँच पायेगी। इसीलिए यह अन्ततः गूगल की तरह सर्च इंजन ही है। बावजूद इसके उपभोक्ताओं की संख्या में निरन्तर वृद्धि हो रही है। इसकी आधिकारिक वेबसाइट chat.openai.com है। इस कम्पनी में बिल गेट्स की कम्पनी माइक्रोसॉफ्ट ने भी बड़ी पूंजी लगाई हुई है।

चित्र बनाने में दक्ष डाल-ई

ओपन एई की हाल ही में ताज़ा ख़ूबी यह भी सामने आयी है कि इसने एक नया उत्पाद 'डाल-ई' आविष्कृत किया है। इसके ज़रिये कृत्रिम-बुद्धि का उपयोग कर आसान निर्देशों के माध्यम से मनचाहे नयनाभिराम चित्र भी बनाये जा सकते हैं। जैसे यदि आप 'समुद्र में तैरती नाव' का संकेत देते हैं तो कुछ ही पलों में चित्र आपको स्क्रीन पर अवतरित होकर दिखने लग जायेंगे। इन चित्रों को आप उपयोग में भी ला सकते हैं। यानी बिना काग़ज़, कूची और रंगों के आपको तैयार चित्र मिल जायेंगे। प्राणी, पक्षियों, पहाड़, गुफा और नदियों के चित्र भी बनाये जा सकते हैं। आपकी इच्छा है कि इस तकनीक से चन्द्रमा पर घोड़े पर सवार अन्तरिक्ष यात्री दिखाई दे तो यह पलों में इस इच्छा की पूर्ति कर देगी। डाल-ई की क्षमताएँ तो अद्‌भुत एवं आश्चर्यजनक हैं, लेकिन इसे बड़ी संख्या में बेरोज़गारी बढ़ाने का

ज़रिय भी माना जा रहा है। भविष्य में यह तकनीक रचना-सृजन से लेकर, चित्र रचने से जुड़े लोगों के रोजगार छीन सकती है? डिजिटल मार्केट भी प्रभावित हो सकता है। डाल-ई ओपन एआई द्वारा ही निर्मित ऐसा विशिष्ट सॉफ्टवेयर है, जो अमूर्त या कल्पित रचनाओं की मूर्त तस्वीरें बनाने में सक्षम है। इससे भ्रामक तस्वीरें भी बनाई जा सकती हैं। पोर्न यानी अश्लील तस्वीरें बनाने में भी यह समर्थ है। अपने इन बहुआयामी बौद्धिक-कल्पनाशील गुणों के चलते भविष्य में इसका उपयोग बड़े पैमाने पर होने की उम्मीद है। इसलिए ऐसी आशंकाएँ जताई जा रही हैं कि डाल-ई विज्ञापन, एनिमेशन, रेखांकन, डिजाइन और मनोरंजन के क्षेत्र में लाखों नौकरियाँ निगल सकती है।

चैट-जीपीटी एक भाषाई प्रतिदर्श यन्त्र

चैट-जीपीटी, जीपीटी-3 पर आधारित प्रतिदर्श (मॉडल) है। यह अब तक के सबसे विशाल और तकनीकी रूप से सर्वाधिक उन्नत प्रतिदर्श है। इस सॉफ्टवेयर में करोड़ों शब्द, वाक्य, आँकड़े व रूप दर्ज किये गये हैं। यह अनेक शैलियों और स्वरों में मनुष्य की तरह पाठ लिखने और उच्चारित करने में दक्ष है। इसकी यह भी विशेषता है कि यह उपयोगकर्ता से इनपुट लेकर, उससे भी प्रशिक्षित होता रहता है। यानी इसमें निरन्तर अद्यतन होते रहने की क्षमता है। इस हेतु जीपीटी की खिड़की (विंडो) में एक विशेष प्रकार का लर्निंग सॉफ्टवेयर संलग्न है। इसके उत्तर देने का तरीक़ा और भाषा इतनी प्रासंगिक व सुसंगत है कि उपभोक्ता को यह भ्रम तक हो जाता है कि वह किसी मशीन से नहीं, बल्कि वास्तव में किसी व्यक्ति से बात कर रहा है। वैसे तो इसे अश्लील और अमर्यादित पाठों का उद्‍घाटन नहीं करने के लिए प्रशिक्षित किया गया है, लेकिन विरोधाभास है कि प्रेम-शृंगार की कविताएँ लिखने व चित्र बनाने में यह पारंगत है, इसलिए अश्लील व काम-क्रीड़ा सम्बन्धी चित्र व पाठ भी यह स्क्रीन पर पेश कर देता है। इसलिए इसका उपयोग बच्चों और किशोरों के लिए घातक है।

ओपन एआई

ओपन एआई ऐसा संगठन है, जो कृत्रिम-बुद्धि के क्षेत्र में नये शोधार्थिओं और आविष्कारकर्ताओं को प्रोत्साहित करता है। चैट-जीपीटी का भाषाई प्रतिदर्श भी ओपन एआई ने विकसित किया है। 2015 में एलन मस्क और सैम आल्टमैन ने तकनीकी विशेषज्ञों के साथ मिलकर इस संस्था का गठन किया था। इनका उद्‍देष्य

मैत्रीपूर्ण कृत्रिम-मेधा के माध्यम से मानवता को लाभ पहुँचाने का रहा है। ओपन एआई मशीन, लर्निंग, रोबोटिक्स, चैट-जीपीटी, डाल-ई आर्थिक और शैक्षिक क्षेत्रों में विशेष रूप से काम कर रही है। गूगल और मेटा सहित अनेक टेक कम्पनियों ने ओपन एआई की अगली कड़ी में चैट-जीपीटी-3 जैसी तकनीक निर्मित की है।

ओपन एआई की ख़ास बात है कि प्रत्येक चैट-जीपीटी को सार्वजनिक रूप से ओपन एआई के माध्यम से ही साझा किया जाता है। चूँकि इसके सोशल प्लेटफॉर्म पर प्रस्तुतीकरण के पूर्व से ही उपकरण आसानी से उपलब्ध हैं, अतएव जीपीटी के निर्माण और प्रस्तुतीकरण की प्रतिस्पर्धा में तेज़ी आने की उम्मीद है। नतीजतन झूठी और फ़रेबी जानकारियों से जुड़ी सूचनाओं की अति इंटरनेट पर बढ़ जायेगी। इस नाते सैम आल्टमैन का कहना है कि गोपनीय ढंग से तकनीकी उपकरणों को बनाने और परीक्षण करने की बजाय, उन्हें सीधे बाज़ार में उतार देना बेहतर होगा। जिससे लोग इससे सीधा बाज़ार में साक्षात्कार करके इससे जुड़े ख़तरों को समझेंगे और उनसे मुक्त होने के उपाय भी सुझाएँगे।

कृत्रिम बुद्धिमत्ता के ख़तरे

संचार तक़नीक के क्षेत्र में अब जितने भी औज़ार आ रहे हैं, उनका संचालन उपकरणों की संरचना में अन्तर्निहित कृत्रिम बुद्धि की उपस्थिति ही है। इसलिए चैट-जीपीटी ओपन एआई और डाल-ई सभी की सफलता का राज इसी कृत्रिम बुद्धि में छिपा है। यह सही और ग़लत और उचित अथवा अनुचित सभी प्रकार से काम कर सकती है। यह अचानक अद्भुत, अकल्पनीय और आश्चर्यजनक करनामे करने में दक्ष है, इस कारण इसके ज़रिये आसन्न संकट सामने उत्पन्न होने की आशंकाएँ इनके आविष्कारिक भी स्वीकारते हैं। आल्टमैन ने तो कहा भी है कि इस तकनीक से भ्रामक सूचनाएँ फैलाने, रोज़गार के क्षेत्र में कमी लाने और विश्व को नष्ट कर देने की गम्भीर आशंकाएँ हैं। उनकी ये शंकाएँ आज भी नहीं बदली हैं। इसलिए आवश्यक है कि इस ख़तरनाक प्रौद्योगिकी के आविष्कारक इससे सम्भावित हानि को निष्प्रभावी बनाये रखने और इसे कैसे सन्तुलित बनाये रखा जा सकता है, इस दिशा में ज़रूरी औज़ारों का निर्माण करें। दरअसल चैट-जीपीटी तब बड़ा ख़तरा साबित हो सकती है, जब यह किसी तानाशाह या फिर आतंकी सरगना के हाथ लग जाये? इसका जो अगला प्रतिदर्श चैट-जीपीटी-4 आ रहा है, उसकी क्षमताएँ और अधिक होंगी। यह फ़िलहाल अंग्रेज़ी और हिन्दी भाषाओं में संवाद सम्प्रेषण में तो कुशल है ही, भविष्य में दुनिया की सबसे प्रमुख भाषाओं में इससे संवाद स्थापित

होने लग जायेंगे। अतएव उसी अनुपात में इसके उपयोग से ख़तरों की आशंकाएँ भी बढ़ सकती हैं ?

आसान होगा मृतकों से वार्तालाप

माइक्रोसॉफ्ट ने खबर दी है कि उसने 'चैटबॉट' नामक एक ऐसा सॉफ्टवेयर बनाया है, जो दिवंगतों से वार्तालाप का अनुभव करायेगा। दिसम्बर-2020 में इसका पेटेंट भी करा लिया है। इस वार्तालाप का विचार अमेरिका की चर्चित टीवी श्रृंखला 'ब्लैक मिरर' से लिया है। इसमें मनुष्य की भूमिका निभा रही लड़की अपने दुर्घटना में मृत प्रेमी से उसके सोशल मीडिया खाते से निकाले गये संवाद व सूचनाओं के आधार पर बात करती है। यानी चैटबॉट एक ऐसा अद्वितीय सॉफ्टवेयर है, जिसके माध्यम से सैद्धान्तिक तौर पर मरे लोगों से वार्तालाप सम्भव है। इसके बाद जीनियॉलजी या वंशावली वेबसाइट माई हेरिटेज ने एक ऐसा टूल बनाया है, जो कृत्रिम बौद्धिकता के ज़रिये दिवंगत रिश्तेदारों व मित्रों की तस्वीरों में चेहरों को ऐनिमेट करके मृतक के जिन्दा होने का भ्रम पैदा करता है। इसमें एक विशेष प्रकार की डीपफेक तकनीक का प्रयोग किया जाता है। इस टूल को डीप नॉस्टेल्जिया नाम दिया गया है। कम्पनी मानती है कि कुछ लोग इस फीचर को सनसनी पैदा करने वाली स्थिति मान सकते हैं, जबकि अन्य लोग इसे जादुई करिश्मा कहेंगे। हालाँकि मृतकों से मुलाक़ात व वार्तालाप के प्रसंग हमें योग वशिष्ठ, रामायण और महाभारत में भी मिलते हैं।

माइक्रोसॉफ्ट तकनीक के ज़रिये दिवगंत व्यक्ति से बात करने या सलाह लेने के लिए सम्बन्धित का जो भी सोशल डेटा, संवाद, चित्र, सन्देश, आवाज़, पत्र आदि हैं, उनके आधार पर चैटबॉट उनका व्यक्तित्व आत्मसात कर लेगा। तत्पश्चात प्रश्नोत्तर उसी शैली में आरम्भ हो जायेंगे, जैसा आप मृतक से जीवित अवस्था में करते रहे हैं। इस वार्तालाप की भाषा, बोली और संवेदनाएँ हुबहू वैसी ही अनुभव होंगी, जैसी मृतक के जीवित रहते हुये होती थीं। कुछ संचार उपकरणों का उपयोग कर दिवगंत लोगों को 2-डी व 3-डी आयामों में देख भी सकते हैं। 3-डी छवि के साथ फ्रेशियल रिकग्निशन एल्गोरिदम के प्रयोग मृतक की छवि को जीवन्त अहसास के रूप में भी उभार देंगे। इस विधि से ऐसा अनुभव होगा कि जीवित व्यक्ति से ही वार्तालाप हो रहा है। माइक्रोसॉफ्ट के कृत्रिम बौद्धिकता कार्यक्रम से जुड़े अभियन्ताओं ने चैटबॉट का सूत्र टीवी श्रृंखला 'ब्लैक मिरर' से लिया और कल्पना को आविष्कार के परिणाम में बदला।

डीपफेक तकनीक

डीपफेक तकनीक के ज़रिये सामान्य रूप से पूछे जाने वाले सवालों के जवाब में कम्पनी ने लिखा है, 'यह टूल पुराने वक़्त की यादों के लिए इस्तेमाल करने के उद्देश्य से बनाया गया है। इसके नतीजों पर विवाद हो सकता है इसे कुछ लोग नापसन्द करेंगे, किन्तु इसको नकार पाना मुश्किल होगा।' माइ हेरिटेज साइट पर रानी विक्टोरिया और फ्लोरेंस नाइटिंगेल जैसी ऐतिहासिक शख्सियतों को एनिमेट किया गया है। इसी तकनीक से एक अन्य सॉफ्टवेयर कम्पनी ने अब्राहम लिंकन का वीडियो बनाकर यूट्यूब पर डाला था। यह वीडियो रंगीन है और इसमें अमेरिकी राष्ट्रपति लिंकन बोलते हुये दिख रहे हैं। कुछ अन्य लोगों ने भी अपने पूर्वजों के एनिमेटेट वीडियो सोशल साइटों पर डालने शुरू कर दिये हैं। कुछ लोग जहाँ मृतकों में जीवित होने का भ्रम पैदा करने की तकनीक को शानदार उपलब्धि मान रहे हैं, वहीं कुछ लोग इसे चिन्ता का विषय भी मानकर चल रहे हैं। दरअसल दिसम्बर 2020 में चैनल 4 ने एक डीपफेक क्वीन तैयार की, जिसने एक वैकल्पिक क्रिसमस सन्देश दिया। इसके ज़रिये यह चेतावनी दी गयी कि किस तरह से इस तकनीक का प्रयोग झूठी ख़बरें फैलाने के लिए हो रहा है।

महाभारत में उल्लेखित प्रसंग

अब महाभारत में उल्लेखित इसी प्रसंग की बात करते हैं। कुरुक्षेत्र में कौरव-पाण्डवों के बीच हुये युद्ध के सोलह वर्ष बाद भी चित्त को शान्ति नहीं मिली, तब गान्धारी व कुन्ती श्वसुर वेदव्यास से प्रार्थना करती हैं कि 'आप अपने तपोबल से लोकों की सृष्टि करने में समर्थ हैं, इसलिए परलोक सिधारे हमारे पुत्रों व प्रियजनों से मिलाने की कृपा करें।' कुन्ती की प्रबल इच्छा अपने उस अभागे पुत्र कर्ण से मिलने की थी, जिसे वह सार्वजनिक रूप से अवैध सन्तान होने के कारण पहचान लेने के बाद भी स्वीकार नहीं पायी थी।

वेदव्यास इस प्रार्थना को स्वीकार लेते हैं और गंगा नदी में प्रवेश कर महाभारत युद्ध के सभी पराक्रमियों का आवाहन करते हैं। देखते-देखते मारे गये कौरव-पाण्डव सैनिकों सहित कोलाहल करते हुये प्रकट होने लगते हैं। कर्ण, द्रौपदी के पाँचों पुत्र, अभिमन्यु, घटोत्कच, दुर्योधन, शकुनि, दु:शासन आदि आपसी वैर, ईर्ष्या, क्रोध व आवेग से मुक्त अपने जीवित परिजनों के समक्ष साक्षात् खड़े थे। महाभारत के आश्रमवासिक पर्व के पुत्रदर्शन प्रसंग के श्लोक 20 में उल्लेख है कि 'नर-नारियों

से भरा हुआ यह हर्ष-उत्सव कपड़े पर अंकित किये चित्र की भाँति दिखाई दे रहा था।' फिर इसी पर्व के तैंतीसवें अध्याय में श्लोक एक एवं दो में उल्लेख है, 'श्रेष्ठ पुरुष ऋषियों की बनाई हुई उत्तम प्रणाली का आश्रय लेकर एक-दूसरे से प्रेमपूर्वक मिले।' आगे इसी विधि से व्यास ने राजा जनमेजय को पिता परीक्षित से भी मिलाया। महाभारत के इसी पर्व के एक मंत्र 'सूर्यः ते चक्षुः वांतं प्राणः' कहा है कि मृत्यु के बाद नेत्र सूर्य को और प्राण वायु को प्राप्त हो जाते हैं। अर्थात देहधारियों के प्राण एवं इन्द्रियाँ निश्चित रूप से हमेशा के लिए लोकान्तर में जीवित बनी रहती हैं। अतएव दिवगंतों को उसी रूप में वर्तमान में प्रकट किया जाना असम्भव नहीं है। इसी तरह रामायण में राम जब वनवास से लौटकर अयोध्या आते हैं तब ऋषि-मुनियों के साथ पिता दशरथ उन्हें आशीर्वाद देने प्रगट होते है।

योग वशिष्ठ में ब्रह्माण्ड के स्तर

'योग वशिष्ठ' में तो ब्रह्माण्ड के स्तरों को मनुष्य की अन्तर्चेतना की परतों से जोड़कर राजा पद्म और रानी लीलावती की अत्यन्त रोचक कहानी है। इसमें वशिष्ठ ने सूक्ष्म-अतिसूक्ष्म और भौतिक-अभौतिक शरीरों की लौकिक एवं पारलौकिक यात्राएँ करते हुये मन की अनन्त इच्छाओं के अनुसार जीवन की अनवरत यात्रा, मनुष्येतर योनियों में भ्रमण और समय तथा स्थान में निर्मित भ्रमण में चेतना के अभ्युदय, अस्तित्व और प्राण विद्या के गूढ़ रहस्यों को प्रकट किया है। भगवान बुद्ध का दर्शन 'विपश्यना' भी कुछ योग वशिष्ठ के दर्शन के समान है। विपश्यना अध्यात्म का यर्थाथवाद है। यहाँ न आत्मा है और न ही ईश्वर है। बुद्ध कहते हैं कि अमूर्त आध्यात्मिक ज्ञान व्यर्थ की चीज़ है। ज्ञान तो वही सत्य है, जिसे भौतिक रूप में अनुभव किया जा सके, जो हमारी देह के भीतर घटित हो और ज़रूरत पड़ने पर उसका उपयोग भी किया जा सके। इसीलिए विपश्यना का अर्थ है कि स्वयं को विशेष विधि से देखना। यह स्वयं को अवलोकित करने का ऐसा तरीक़ा है, जो विकल्पहीन और निरपेक्ष है। यहाँ द्रष्टा होनी है, वह बस ख़ुद को देखता है। इस क्रिया से पहले स्थूल वेदनाएँ-संवेदनाएँ पकड़ में आती हैं और फिर धीरे-धीरे सूक्ष्म संवेदनाओं का अनुभव होने लगता है। आध्यात्मिक इतिहास की यह पद्धति अत्यन्त प्राचीन है। बुद्ध ने ढाई हज़ार साल पहले ध्यान की प्रचलित प्रणालियों से असन्तुष्ट होकर इस विलुप्त होती पद्धति को खोजकर अपनाया था। जब कुशीनारा में बुद्ध प्राण छोड़ रहे थे, तब एक व्यक्ति को उन्होंने इस पद्धति की दीक्षा भी दी थी।

निष्कर्ष

इन सन्दर्भों से स्पष्ट है कि रामायण और महाभारत काल में कोई ऐसी तकनीकें ज़रूर थीं, जो दिवगंतों से चैटबॉट की तरह वार्तालाप में समर्थ थीं। लेकिन हमारे वैज्ञानिक-अभियन्ता अपने प्राचीन ग्रन्थों से ऐसे विज्ञान-सम्मत आइडिया लेने में सकुचाते हैं, इसलिए हम अपनी बुद्धि का इस्तेमाल कर मौलिक सॉफ्टवेयर बनाने में आगे नहीं आ पाये हैं। दरअसल इस बौद्धिक युग में वैज्ञानिकों के समक्ष विडम्बना है कि वे आसानी से यह स्वीकारने को तैयार नहीं हैं कि सनातन हिन्दू धर्म के प्राचीन ऋषि-मुनि समय, स्थान, ब्रह्माण्ड, समानान्तर ब्रह्माण्ड आदि के रहस्यों को जानते थे। दरअसल वर्तमान वैज्ञानिक इन तथ्यों को स्वीकार लेते हैं तो विज्ञान सम्बन्धी उपलब्धियों की मान्यताएँ हज़ारों साल पीछे चली जायेंगी। फलत: वर्तमान वैज्ञानिकों के प्रकृति एवं ब्रह्माण्ड से सम्बन्धित अनुसन्धान गौण हो जायेंगे।

कृत्रिम मेधा एवं रक्षा सैन्य बल

—डॉ. मनोज श्रीवास्तव

प्रस्तावना

आज हम चौथी औद्योगिक क्रान्ति से गुज़र रहे हैं। औद्योगिक क्रान्तियाँ मानव जीवन के हर पहलू को प्रभावित करती रही हैं। चाहे वह चिकित्सा का क्षेत्र हो, विभिन्न कल कारखानों की दक्षता व उत्पादन का क्षेत्र हो या फिर रक्षा क्षेत्र, सभी क्षेत्रों में औद्योगिक क्रान्ति का प्रबल प्रभाव देखा जाता है। चौथी औद्योगिक क्रान्ति में कृत्रिम मेधा का उपयोग तेज़ी से बढ़ रहा है।

कृत्रिम मेधा वह सॉफ़्टवेयर प्रोग्राम है जो स्वत: ही निर्देशन कर कम्प्यूटर को मानव दिमाग़ की तरह कार्य करने के लिए प्रशिक्षित करती है। आज इस कृत्रिम मेधा से जीवन का हर क्षेत्र तेज़ी से प्रभावित है।*

ऐसा माना जा रहा है कि कृत्रिम मेधा धरती पर मानव जीवन की विभिन्न भौतिक परेशानियों को काफ़ी हद तक हल करने में सक्षम है जिसके उदाहरण लगातार आते जा रहे हैं। परन्तु जीवन की इस सुगमता के साथ इस विद्य ने अनेक चुनौतियाँ भी परोसी हैं। उदाहरण के लिए ऐसे सॉफ़्टवेयरों के दुरुपयोग की सीमा न होना, कृत्रिम मेधा की इन मशीनों का तर्क संगत हो जाने पर कुछ ऐसा हो जाना जिसकी हमें काई अपेक्षा ही नहीं है, विभिन्न रोज़गारों में मानव की ज़रूरत को समाप्त करना जिससे रोज़गार संकट पैदा होने की सम्भावना इत्यादि।

कृत्रिम मेधा वास्तव में मानव दिमाग़ की ही एक प्रतिकृति होगी जिसमें हम लगातार प्रोग्राम को उच्चीकृत कर सकते हैं। अन्त में ऐसा माना जा रहा है कि इन मशीनों की अपनी ख़ुद की तर्क शक्ति और सोचने की क्षमता विकसित हो जायेगी।

---

* कृत्रिम मेधा की शुरुआत 1950 के दशक में मानी जाती है आर्टिफ़िशियल इंटेलीजेंस का मतलब है कृत्रिम विधि द्वारा विकसित बौद्धिक क्षमता।

जिस तरह से कृत्रिम मेधा सारे विश्व में अपने पैर तेज़ी से पसार रही है उससे इस क्षेत्र में तीव्र प्रतिस्पर्धा पैदा हो रही है। माना जा रहा है कि आने वाले समय में जिस देश या राज्य का कृत्रिम मेधा कौशल जितना अधिक होगा, वह देश या राज्य विकास के हर क्षेत्र में अग्रणी रहेगा।

इससे यह बात तो स्पष्ट है कि रक्षा क्षेत्र (जो कि किसी देश की ताक़त व उसके अस्तित्व का एक प्रमुख माध्यम है) को भी कृत्रिम मेधा प्रबल रूप से प्रभावित करेगी। सच तो है कि रक्षा क्षेत्र में भी कृत्रिम मेधा के प्रभाव तेज़ी से देखे जा रहे हैं। यह बात अलग है कि कृत्रिम मेधा स्वयं में कोई हथियार नहीं है परन्तु इससे हथियारों की प्रयोग क्षमता एवं प्रयोग करने की विधि को पूरी तरह से बदला जा सकता है। यह हथियारों की उपयोगिता की विभिन्न नयी दिशाएँ तय कर सकता है। इस प्रौद्योगिकी से किसी भी राष्ट्र के सामने सामरिक, राजनीतिक व साइबर सुरक्षा की नयी चुनौतियाँ होंगी जिनका हल भी केवल इसी प्रौद्योगिकी के माध्यम से ही निकल सकेगा। इससे किसी राष्ट्र के ख़तरों की परिभाषाएँ भी बदल जायेंगी। राष्ट्र को उन ख़तरों से सावधान रहना पड़ेगा जिनका पूर्व में कोई इतिहास नहीं रहा है। कृत्रिम मेधा सूचना संसार को प्रबल रूप से परिष्कृत करने में सक्षम होगी अत: हमें वास्तविक युद्ध कौशल के साथ ही छद्म युद्ध कौशल को भी विकसित करना होगा।

कृत्रिम मेधा के अन्तर्गत मशीनी भाषा को समझते हुए सघन सीख विकसित करनी होगी जिससे हम कृत्रिम मेधा से उत्पन्न रक्षा चुनौतियों का सामना करने में सक्षम हो सकेंगे।

अगस्त 2017 में भारत सरकार ने एक लक्ष्य बल की स्थापना की जिसे इस प्रौद्योगिकी का 'आर्थिक क्षेत्र में प्रभाव' पर अध्ययन कर रिपोर्ट प्रस्तुत करनी थी। रिपोर्ट में पाया गया कि कृत्रिम मेधा विभिन्न राष्ट्रीय सुरक्षा मिशनों को पुन:परिभाषित कर देगी। इस प्रौद्योगिकी के उपयोग स्वत: चालित व नियन्त्रित जल के अन्दर चलने वाले वाहन, मानवहीन लड़ाकू विमान तथा मानवहीन सीमा की निगरानी व सुरक्षा क्षेत्र में है। इस तकनीक से हम रोबोट के माध्यम से सैनिकों को विभिन्न सहायता जैसे कि रोबोट खच्चर रोबोट एंटी आई.ई.डी. कार्यवाही आदि उपलब्ध होंगे। इसी तकनीक से हम विभिन्न प्रतिष्ठानों की भौतिक निगरानी एवं सुरक्षा सशक्त तरीके से कर सकते हैं। इसी तकनीक से हम आज तेज़ी से बढ़ रहे साइबर चुनौतियों को भी नियन्त्रित कर साइबर सुरक्षा को मज़बूत कर सकते हैं।

स्वचालित व स्व नियन्त्रित निगरानी व लड़ाकू तन्त्र व सूचना तन्त्र विकसित

करना इस तकनीक के प्रमुख उपयोगों में से है। कृत्रिम मेधा आधारित साइबर आक्रमणों को साधते हुए इस तकनीक द्वारा हम काउंटर अटैक तन्त्र भी विकसित कर सकते हैं। यह प्रौद्योगिकी विभिन्न सेंसरों द्वारा प्राप्त सूचनाओं का उपयोग कर स्वत: निर्णय लेने में सक्षम हो सकती है।

इस तकनीक से हम निगरानी ड्रोणों के द्वारा एकत्रित वीडियो को स्वत: ही अध्ययन व विश्लेषण करके निर्णय लेने में सक्षम होंगे। यही नहीं, यह हमें युद्ध के दौरान कमांड व नियन्त्रण के भी उचित मार्ग दर्शन देगी जिससे हम कुशल युद्ध प्रबन्धन कर जीत हासिल कर सकने में सक्षम हो सकते हैं। यह विश्लेषण एक कृत्रिम एल्गोरिदम द्वारा किया जायेगा। यह कृत्रिम मेधा आधारित युद्ध प्रणाली स्वत: एल्गोरिदम से नियन्त्रिति नियन्त्रित की जा सकती है या फिर सैनिक को विभिन्न युद्ध क्रियाओं के लिए सूचना देकर तैयार कर सकती है।

भविष्य में इस तकनीक से मानव की संज्ञानात्मक योग्यता को पीछे छोड़ते हुए आँकड़ों का तेज़ी से विश्लेषण कर, अधिक से अधिक उपयोगी सूचनाओं को पा सकते हैं और सूचना युद्ध में आगे रहते हुए परिणामों को अपने अनुकूल बना सकते हैं।

युद्ध की प्रकृति एवं लक्षण

किसी भी युद्ध की प्रकृति मूलत:राजनैतिक ही होती है तथा युद्ध सदैव विध्वंसक ही होते हैं। अत: यह कहा जा सकता है कि युद्ध की प्रकृति सामान्यतया परिवर्तित नहीं होती है। युद्ध के लक्षण इस बात पर निर्भर करते हैं कि युद्ध कैसे लड़ा जाता है अत: युद्ध के लक्षण सदैव समकालीन तकनीक, प्रौद्योगिकी, क़ानून, नीति, संस्कृति, राजनीति सामाजिक स्थिति इत्यादि पर निर्भर करते हैं।

ऐसा माना जा रहा है कि कृत्रिम मेधा न केवल युद्ध के लक्षणों को परिवर्तित या परिमार्जित करेगी बल्कि यह युद्ध की प्रकृति को भी पुन:परिभाषित कर सकती है। जिससे युद्ध प्रकृति को एक अलग रूप में पढ़ना और समझना पड़ेगा।

अमेरिका के रक्षा विभाग ने कृत्रिम मेधा से जुड़े रक्षा क्षेत्रों के लिए अपनी योजना तैयार कर ली है जो आगामी कई दशकों के लिए होगी। इसकी सहायता से अमेरिका एक स्वत: नियन्त्रित रक्षा बल तैयार करने में सक्षम होगा। कृत्रिम मेधा के उपयोग से निर्णय लेने की क्षमता को भी कलन विद्यि (एल्गोरिदम) से संयोजित किया जायेगा। इसी दीर्घकालिक योजना के अन्तर्गत अमेरिका ने एक बड़ा बजट रोबोटिक्स व कृत्रिम मेधा के लिए आवंटित किया है।

अमेरिका लगातार मानव रहित रक्षा सेवाओं पर ध्यान केन्द्रित किये हुए है जो कि निश्चित रूप से कृत्रिम मेधा शोध व विकास से ही प्राप्त की जा सकती है।

कृत्रिम मेधा के युद्ध पर प्रभाव

1. कृत्रिम मेधा द्वारा प्रायोजित विभिन्न निगरानी उपकरणों से अति तीव्र गति से आँकड़ा एकत्रित कर उनका विश्लेषण किया जा सकता है। जिन आँकड़ों का विश्लेषण करने में मनुष्य को बहुत समय लगता है वह मशीन द्वारा अतिलघु समय में प्रसंस्करित किया जा सकता है। यह शीघ्र निकाले गये निष्कर्ष युद्ध के परिणाम को काफ़ी सीमा तक बदल सकने में सक्षम हैं। यह मशीन विश्लेषित निष्कार्ष कमांडिंग अधिकारी को कई स्तरों पर सहायता कर सकते हैं। जिससे वह निर्णय लेने में त्वरित गति से सक्षम होगा और युद्ध परिणाम को अपनी ओर मोड़ पायेगा। कृत्रिम मेधा आधारित मशीन युद्ध के क्षेत्र की भौतिक स्थित जैसे ताप, दाब, वर्षा इत्यादि को उसी समय समावेशित कर सूचना को परिवर्तित कर लेगा जिसे मनुष्य द्वारा समावेशित कर पाना कठिन होता है।
2. आज विश्व में साइबर आक्रमणों की संख्या में तेज़ी से वृद्धि हो रही है जिसे मनुष्य द्वारा नियन्त्रित करना अत्यन्त कठिन है परन्तु कृत्रिम मेधा की सहायता सेक साइबर स्पेस की गतिविधियों का उसी समय (real time) आकलन करते हुए भविष्य के ख़तरों व आक्रमणों के प्रति समय रहते आगाह किया जा सकता है। अब युद्ध केवल दो देशों के रक्षा बलों द्वारा ही नहीं लड़े जायेंगे बल्कि दुश्मन देश, सिविल जनसंख्या पर साइबर आक्रमण कर देश की स्थिति को भौतिक युद्ध से भी कहीं अधिक परेशान कर सकता है। यह साइबर आक्रमण अति संवेदनशील संस्थाओं के आँकड़ों व सूचनाओं पर हो सकता है। यहाँ पर केवल कृत्रिम मेधा आधारित मशीन ही हमारी सहायता कर पायेंगी।
3. कृत्रिम मेधा आज सेना की रसद और परिवहन प्रणाली को भी नियन्त्रित करने में सक्षम है आने वाले समय में यह नियन्त्रण अधिक कुशलता से किया जा सकेगा। विभिन्न सैनिक बलों का उचित प्रतिस्थापन कर तैनाती की जा सकती है जिससे हम सैनिक बलों का प्रभावशाली तरीके से उपयोग कर पायेंगे। यह सैन्य प्रबन्धन भी युद्ध परिणाम को बड़े आयाम से प्रभावित कर सकता है।

4. स्वत: नियन्त्रित यौद्धिक अस्त्र-शस्त्र एक ओर हमारे देश की सैनिकों की मृत्यु संख्या को तो नियन्त्रित करेंगे परन्तु यह आयुद्य किसी भी मानव संवेदना से हीन होंगे अत: वह सिविल समाज व रक्षा सैनिकों के बीच भेद नहीं करेंगे जिससे सिविल समाज की मृत्यु की सम्भावना बनी रहेगी जो कि सामान्य युद्ध नियमों के विपरीत होगा। अत: इस तकनीक का प्रयोग हमें सोचकर-समझ कर ही करना होगा।

5. कृत्रिम मेधा की सहायता से आज हम मनुष्य की विभिन्न इन्द्रियों द्वारा प्राप्त सूचनाओं जैसे ध्वनि, चित्र, वीडियो इत्यादि को इस प्रकार से उत्पन्न किया जा सकता है कि सामान्यतया व्यक्ति को इसकी वास्तविकता समझ में ही नहीं आती। अत: इस प्रौद्योगिकी से हम इन्द्रियों द्वारा ग्राह्य सत्य को भी परिवर्तित कर बड़ा धोखा कर सकते हैं। युद्ध के समय ऐसे धोखे बहुत घातक सिद्ध हो सकते हैं। उदाहरणार्थ कुरुक्षेत्र की लड़ाई (महाभारत) में गुरु द्रोणाचार्य जी के साथ अश्वत्थामा के विषय में ऐसी ही भ्रान्ति फैलाकर अश्वत्थामा का वध कर दिया गया था। आज ऐसे ही कई प्रकार के झूठ को सत्य की तरह प्रस्तुत किया जा सकता है यदि हम कृत्रिम मेधा का उपयोग करते हैं। सघन कलन विधि (Deep learning Algorithms) द्वारा आज किसी भी व्यक्ति की आवाज़, उसके होंठों का चलना और चेहरे की भाव भंगिमा को भी कृत्रिम रूप से उत्पन्न कर किसी दूसरे व्यक्ति को धोखा दिया जा सकता है। उदाहरण के लिए किसी भी व्यक्ति या नेता की छवि को धूमिल या महिमामंडित कर लोक विचार को पुन:परिभाषित किया जा सकता है। किसी बीमारी या महामारी का झूठा वीडियों बनाकर जनता में प्रसारित कर देश की अन्तरराष्ट्रीय व आन्तरिक स्थिति को काफ़ी बड़े स्तर तक नुक़सान पहुँचाया जा सकता हैं। ऐसे झूठे संकेत व सूचनाएँ दो देशों के मध्य युद्ध का कारण भी बन सकते हैं। अत: कृत्रिम मेधा आज के समय में युद्ध को प्रोत्साहित या हतोत्साहित करने के लिए प्रयोग में लायी जा सकती है।

6. कृत्रिम मेधा आधारित अस्त्र-शस्त्र किसी भी मानवीय आधार पर कार्य नहीं करते। अत: वह दुश्मन देश की जनता व सैन्य बलों के बीच कोई विभेद न करते हुए सभी को समान रूप से मृत्यु के घाट उतार सकता हे जो कि युद्ध के नियमों के विपरीत है। आज विश्व के अधिकतर देश युद्ध के दौरान मारे

जाने वाले लोगों के वर्ग (सिविलियन या सैन्य) को गम्भीरता से देखता है। सामान्य जन (महिलाओं, बच्चों सहित) को युद्ध के दौरान मारा जाना निश्चित रूप से अनैतिक है और मानव समाज के लिए अत्यन्त दुष्परिणामकारी है। अत: अस्त्र-शस्त्रों का युद्ध के दौरान उपयोग केवल मनुष्यों की निगरानी में ही करना विश्व मानव समाज के लिए आवश्यक है।

कृत्रिम मेधा : एक शक्ति प्रदर्शन

पिछले एक दशक में कृत्रिम मेधा का विकास सम्पूर्ण विश्व में तेज़ी से हुआ है। विभिन्न विकसित देश जैसे अमेरिका, ब्रिटेन, फ्रांस आदि ने कृत्रिम मेधा के क्षेत्र में मानव संसाधन एवं पूँजी का पर्याप्त निवेश किया है। आज छोटे देश भी इस क्षेत्र में पीछे नहीं रहना चाहते। अमेरिका ने 2016 में कृत्रिम मेधा पर एक प्रतिवेदन प्रस्तुत किया था। फ्रांस ने भी मार्च 2018 में एक विस्तृत दस्तावेज़ तैयार किया। चीन ने जुलाई 2017 में अपनी विस्तृत योजना तैयार की। लगभग सभी विकसित राष्ट्रों ने इस विषय पर अपने भविष्य का कार्यक्रम घोषित करते हुए पर्याप्त पूँजी निवेश किया है।

कृत्रिम मेधा को आर्थिकी एवं रक्षा दोनों क्षेत्रों के लिए बहुत अहम माना जा रहा है। रूस ने भी इस क्षेत्र को विकसित करने के लिए एक बड़ी पूँजी निवेश की योजना बनाई है।

कृत्रिम मेधा आधारित द्रोण प्रौद्योगिकी आज विश्व भर में तेज़ी से प्रसारित है और द्रोण का प्रयोग रक्षा क्षेत्र में निगरानी व आक्रमण दोनों के निए तेज़ी से बढ़ा है।

भारत में कृत्रिम मेधा का विकास

भारत के वर्तमान प्रधानमन्त्री श्री मान नरेन्द्र मोदी जी ने कहा था : "नये और उभरते प्रौद्योगिकी जैसे कृत्रिम मेधा और रोबोटिक आने वाले समय में किसी देश की रक्षात्मक एवं आक्रामक दोनों क्षमता के लिए सबसे महत्त्वपूर्ण कारक होंगे। भारत अपनी सूचना प्रौद्योगिकी के नेतृत्व में इन प्रौद्योगिकी का पूर्ण लाभ लेने की कोशिश करेगा।"

वित्त मन्त्री स्व. श्री अरुण जेटली जी ने 2018-19 के बजट में उल्लेख किया था कि नीति आयोग जल्दी ही राष्ट्रीय कृत्रिम बुद्धिमत्ता कार्यक्रम की रूपरेखा तैयार करेगा। वर्तमान बजट में सरकार ने पाँचवीं जनरेशन प्रौद्योगिकी के लिए 480

मिलियन डॉलर का प्रावधान किया है जिसमें कृत्रिम बुद्धिमत्ता, इंटरनेट ऑफ़ थिंग्स त्रिविमभीय प्रिंटिंग और ब्लाक चेन शामिल है। यह प्रौद्योगिकी भारत में काफ़ी तेज़ी से विकास पथ पर चल रही है। इस तकनीक ने विज्ञान व जीवन के हर पहलू पर दखल दिया है। यद्यपि भारत सरकार ने कृत्रिम बुद्धिमत्ता को विशेषकर तीन क्षेत्रों स्वास्थ्य, कृषि, शिक्षा और कौशल में मुख्य रूप से विकसित करने की योजना तैयार की है फिर भी रक्षा क्षेत्र को इस तकनीक से दूर नहीं रखा जा सकता। शोध एवं विकास द्वारा कृत्रिम मेधा के रक्षा अनुप्रयोग कृत्रिम मेधा एवं रोबोटिक्स केन्द्र द्वारा विकसित किये जा रहे हैं। यह केन्द्र रक्षा अनुसन्धान संगठन द्वारा 1986 में स्थापित किया गया था। पिछले लगभग 35 वर्षों में इस केन्द्र ने रक्षा क्षेत्र में सूचना तन्त्र विकसित करना, रोबोटिक्स और विभिन्न कृत्रिम मेधा आधारित उपकरण विकसित करने में सहयोग किया है। अब इस केन्द्र की ज़िम्मेदारी कृत्रिम मेधा के रक्षा अनुप्रयोगों के प्रति तेज़ी से बढ़ गयी है। डी.आर.डी.ओ. रासायनिक जैविक, नाभिकीय एवं विस्फोटक की पहचान के लिए विभिन्न कृत्रिम मेधा आधारित सेन्सर पर काम कर रहा है।

कृत्रिम मेधा के रक्षा उपयोगों को और अधिक खोजने व उपयोग में लाने के लिए भारतीय सेना को प्राइवेट व सरकारी दोनों तरह के शोध संस्थानों से मज़बूत सम्बन्ध स्थापित कर अपने लिए विश्वस्तरीय कृत्रिम मेधा आधारित उपकरण तैयार करने होंगे।

निष्कर्ष

कृत्रिम मेधा का रक्षा क्षेत्र में उपयोग तेज़ी से प्रारम्भ हो चुका है। स्व नियन्त्रित कृत्रिम बुद्धिमत्ता आधारित रक्षा तन्त्र आने वाले समय में और अधिक प्रभावशाली तरीके से प्रयोग में लाये जायेंगे। इन अस्त्र-शस्त्र एवं उपकरणों पर विश्व की निर्भरता दिन-प्रतिदिन बढ़ेगी। इतना ही नहीं, कृत्रिम मेधा रक्षा के विभिन्न अन्य क्षेत्रों जैसे परिवहन, रक्षा प्रबन्धन, निगरानी, शस्त्रों का आवश्यकतानुसार मानकीकरण आदि पर वृहत नियन्त्रित कर पायेगी। कृत्रिम मेधा से नि:सन्देह हम अपनी रक्षा क्षमता को बढ़ा पायेंगे तथा रक्षा ज़ोखिमों को भी काफ़ी हद तक कम कर पायेंगे। यद्यपि प्रारम्भ में हमें इन आधुनिक प्रौद्योगिकी पर अतिरिक्त व्यय करना पड़ेगा परन्तु बाद में यही प्रौद्योगिकी रक्षा व्यय को कम करने में भी सहायक होगी। आज हमें ज़रूरत है तो एक ऐसा समग्र वर्ग बनाने की, जिसमें अकादमिक, औद्योगिक, निजी व पेशेवर

कुशलता का पूर्ण सहयोग प्राप्त हो। सेना को इस वर्ग के साथ मिलकर अपनी आवश्यकताएँ प्रस्तुत करनी होंगी जिससे हम कृत्रिम मेधा का उपयोग कर सेना की ज़रूरतों को समय पर पूरा कर रक्षा क्षमता को मज़बूत कर पायेंगे।

जैसा कि हमने पाया है कि कृत्रिम बुद्धिमत्ता मानव के लगभग प्रत्येक क्षेत्र में अपनी उपयोगिता सिद्ध कर रही है अत: यह प्रौद्योगिकी मानव जीवन के लिए एक वरदान हो सकती है। परन्तु जैसा कि हमें ज्ञात है कि कृत्रिम वस्तुएँ यदि मानव जीवन को सुलभ करती हैं तो उसी समय उनके साथ अन्य कई दोष भी आते हैं। कृत्रिम बुद्धिमत्ता के दोषों की गणना भी हमें इसके उपयोग से पहले ही करनी होगी। हमें यह विशेष ध्यान रखना होगा कि इस आधुनिक तकनीक का उपयोग असामाजिक तत्त्वों द्वारा न होने पाये, जिसके लिए क़ानून और सतर्कता सुनिश्चित करनी होगी। यदि ऐसा करने में हम असफल हुए, तो यह प्रौद्योगिकी जो एक वरदान साबित हो सकती है एक भयानक अभिशाप बनकर समस्त मानव जाति के लिए एक बड़ी चुनौती बन सकती है।

लेखक परिचय

डॉ. अर्चना पाण्डेय

डॉ. अर्चना पाण्डेय वर्तमान में डीआरडीओ, रक्षा मन्त्रालय में सहायक निदेशक (राजभाषा) के रूप में कार्यरत हैं। भाषा विज्ञान में पीएच. डी. की उपाधि प्राप्त आप कविता, गीत, ग़ज़ल, माहिया, लोकगीत, लेख, कहानी लेखन में विशेष रुचि रखती है। आपके कई काव्य व ग़ज़ल संग्रह प्रकाशित हो चुके हैं। आप अपनी अनूठी प्रतिभा के कारण 'साहित्य शिरोमणि' विक्रमशिला हिन्दी विद्यापीठ, भागलपुर, बिहार, 2021, 'काव्य-रथी' (काव्यधारा प्रकाशन) हैदराबाद, तेलंगाना, 2020, 'भाषा-समन्वयक सम्मान' अन्तरा-शब्दशक्ति, मध्य प्रदेश, 2019, 'विद्या-सागर' विक्रमशिला हिन्दी विद्यापीठ, भागलपुर, बिहार, 2018, 'राजभाषा पुरस्कार' डीआरडीएल (रक्षा मन्त्रालय) हैदराबाद, तेलंगाना, 2016, 'विद्या-वाचस्पति' विक्रमशिला हिन्दी विद्यापीठ, भागलपुर, बिहार, 2012,'भारतीय भाषा रत्न' विक्रमशिला हिन्दी विद्यापीठ, भागलपुर, बिहार, 2012, 'हिन्दी रत्न' विक्रमशिला हिन्दी विद्यापीठ, भागलपुर, बिहार, 2010, 'समाज सेवी रत्न' विक्रमशिला हिन्दी विद्यापीठ, भागलपुर, बिहार, 2008 इत्यादि पुरस्कारों से सम्मानित हैं। विभिन्न ऑनलाइन माध्यमों जैसे—फ़ेसबुक, यू-ट्यूब व विभिन्न ब्लॉगों के माध्यम से भी आप विभिन्न क्षेत्रीय भाषाओं के उत्थान के कार्य में अपना योगदान दे रही हैं।

डॉ. शुभ्रता मिश्रा

डॉ. शुभ्रता मिश्रा विगत कई वर्षों से सतत विज्ञान लेखन कर रही हैं। वनस्पतिशास्त्र में पीएच. डी. की उपाधि प्राप्त डॉ. शुभ्रता की कुल 26 किताबें, 750 से अधिक लेख और लगभग 200 कविताएँ प्रकाशित हैं। वे तत्कालीन राष्ट्रपति प्रणव मुखर्जी के करकमलों से भारत सरकार के राजभाषा विभाग का 'ज्ञान-विज्ञान मौलिक पुस्तक लेखन पुरस्कार' सहित 'मध्य प्रदेश युवावैज्ञानिक पुरस्कार', 'आचार्य चाणक्य पुरस्कार', 'विज्ञान साहित्यरत्न सम्मान', 'वीरांगना सावित्रीबाई फुले राष्ट्रीय फेलोशिप सम्मान', आदि कई पुरस्कारों से सम्मानित हैं। दूरदर्शन, इंडिया साइंस चैनल और

आकाशवाणी से उनके विभिन्न कार्यक्रमों के प्रसारण सहित देश के प्रमुख संस्थानों में उन्होंने 150 से अधिक आमन्त्रित व्याख्यान दिये हैं।

अस्मिता छाबड़ा

अस्मिता छाबड़ा वर्तमान में डाइट क्योर क्लिनिक में सलाहकार आहार विशेषज्ञ के रूप में कार्यरत हैं। आहार व खाद्य विज्ञान, कम्प्यूटर विज्ञान, विभिन्न चिकित्सा सम्बन्धी विभिन्न शैक्षणिक उपाधियों से आप सुशोभित हैं। विभिन्न वैज्ञानिक संस्थाओं से आप सतत सम्पर्क में रहती हैं तथा विज्ञान लेखन में भी आपकी गहरी रुचि है। आहार विशेषज्ञता से सम्बन्धित विभिन्न संघों व संस्थाओं की आप सदस्य हैं। लेखन में सहज रुचि रखने के कारण आप विभिन्न वैज्ञानिक पत्र-पत्रिकाओं के लिए लेख प्रदान करती हैं। हिन्दी में चिकित्सा अवधारणाएँ और डाइटन्यू के तहत विभिन्न ब्लॉगों द्वारा भी आप पाठकों का ज्ञानवर्धन करती हैं।

प्रज्ञा गौतम

प्रज्ञा गौतम वर्तमान में व्याख्याता (जीव विज्ञान) के पद पर कार्यरत हैं। आप पादप रोग विज्ञान में स्नातकोत्तर की पदवी प्राप्त हैं। विगत 9 वर्षों से आपकी बाल कथाएँ, कविताएँ, प्रतिष्ठित विज्ञान पत्रिकाओं में आपके आलेख और विज्ञान कथाएँ नियमित रूप से प्रकाशित हो रही हैं। विज्ञान वार्ताओं, विज्ञान नाटिकाओं के लेखन में भी आपने महत्त्वपूर्ण योगदान दिया है। आपने विभिन्न विज्ञान कथा-संग्रह, बाल विज्ञान उपन्यास व कविताओं की रचना की है जो अंग्रेज़ी और प्रादेशिक भाषाओं में अनूदित भी हुई हैं। आपकी प्रतिभा के कारण आप 'ज़िला स्तरीय श्रेष्ठ शिक्षक सम्मान' (2006), 'काव्य विभूति' (2017), 'विज्ञान साहित्य रत्न' (अखिल भारतीय काव्य, कथा और कला परिषद्) (2018), 'सी. वी. रमन विज्ञान सम्मान' (2019), 'कविताई विश्व विज्ञान प्रतियोगिता' (2020) (तृतीय पुरस्कार), नेशनल मीडिया फाउंडेशन, नयी दिल्ली द्वारा 'राष्ट्रीय विज्ञान संचारक सम्मान' (2021), 'साहित्य मण्डल' (नाथद्वारा) 'हिन्दी साहित्य भूषण सम्मान' (2021), विज्ञान परिषद् प्रयाग द्वारा सम्मान (2022) आदि से सम्मानित हुई हैं।

किरण अय्यर वी.

वर्तमान में केरल राज्य के कोचिन ज़िले में सीमा शुल्क विभाग में अनुवाद अधिकारी के रूप में कार्यरत श्री किरण अय्यर वी. भाषाओं के सम्बन्ध में विशेष रुचि रखते हैं। इन्होंने भौतिकी विषय में स्नातकोत्तर, हिन्दी स्नातकोत्तर में स्वर्ण पदक अर्जन

किया है। इसके साथ ही इन्होंने बी. एड., अनुवाद डिप्लोमा, एम. फिल. पदवी के साथ हिन्दी टंकण, आशुलिपि, संस्कृत पाठ्यक्रम, आधारभूत उर्दू प्रशिक्षण आदि भी प्राप्त किया है। मैसूर के विभिन्न कॉलेजों में इन्होंने 6 वर्षों तक भौतिक विज्ञान का अध्यापन कार्य करते हुए भौतिक विज्ञान में 'पदार्थों के साथ इलेक्ट्रॉन अन्त:क्रियाओं का अध्ययन' विषय पर चार वर्षों तक शोधकार्य भी किया। विज्ञान, राजभाषा हिन्दी, प्रवासी हिन्दी साहित्य समीक्षा, कन्नड़ साहित्य व हिन्दी साहित्य के तुलनात्मक अध्ययन, फ़िल्म तथा समसामयिक विषयों आदि से सम्बन्धित इनके तकनीकी लेख व कविताएँ विभिन्न सरकारी व ग़ैर-सरकारी पत्रिकाओं, स्मारिकाओं व पुस्तकों में प्रकाशित हुए हैं। इनमें फिजी में आयोजित 12वें विश्व हिन्दी सम्मेलन, डीआरडीओ, आईआईटी आदि में शोध आलेख प्रस्तुतीकरण सम्मिलित हैं।

आकाशवाणी से इनका विशेष लगाव है तथा ये आकाशवाणी अमृत महोत्सव प्रश्नोत्तरी के विजेता भी रहे हैं। इन्होंने केन्द्र सरकार द्वारा आयोजित विभिन्न प्रतियोगिताओं में सक्रिय सहभागिता देते हुए विभिन्न पुरस्कारों का अर्जन किया है। गत कई वर्षों से ये विभिन्न प्रशिक्षण संस्थानों व सरकारी कार्यालयों में संकाय सदस्य की भूमिका का निर्वहन भी कर रहे हैं। नृत्य व संगीत में विशेष रुचि रखने वाले तथा विभिन्न क्षेत्रीय व राष्ट्र स्तर की प्रतियोगिताओं में प्रस्तुति देने वाले श्री किरण अय्यर वी. कन्नड़, मलयालम, तमिळ, तेलुगू आदि भाषाओं की फ़िल्मों के गीतों की धुनों में हिन्दी गीतों की रचना व कन्नड़ साहित्य सम्बन्धी अनुवादों में विशेष रुचि रखते हैं। इन्होंने तमिळ व कन्नड़ भाषा से हिन्दी में पुस्तकों का अनुवाद भी किया है। देश में भाषा सम्बन्धी भेदभावों को मिटाने की दिशा में ये सदा प्रयत्नशील रहते हैं।

डॉ. धनजी प्रसाद

डॉ. धनजी प्रसाद वर्तमान में केन्द्रीय हिन्दी संस्थान, आगरा में भाषाविज्ञान के प्रोफ़ेसर के रूप में कार्यरत हैं। आपको महात्मा गांधी अन्तरराष्ट्रीय हिन्दी विश्वविद्यालय, वर्धा से पीएच. डी. हिन्दी (भाषा प्रौद्योगिकी) की उपाधि प्राप्त है। रूपविज्ञान, वाक्यविज्ञान, अर्थविज्ञान, प्रोक्ति विश्लेषण, भाषा-शिक्षण, भाषा प्रौद्योगिकी/ प्राकृतिक भाषा संसाधन (NLP), हिन्दी सॉफ्टवेयर विकास, कृत्रिम बुद्धि (AI) आदि क्षेत्रों में आपकी विशेषज्ञता रही है। भाषा विज्ञान से सम्बन्धित आपकी कई पुस्तकें, शोध-पत्र, आलेख आदि प्रकाशित हो चुके हैं। कई पाठ्यपुस्तकों में आपके द्वारा लिखे गये अध्यायों को समाहित कि   या गया है। आपने हिन्दी वर्तनी जाँचक (यूनिकोड हेतु) पी.ओ.एस. टैगर, रूप विश्लेषक, देवनागरी रोमन लिप्यन्तरण प्रणाली, हिन्दी

व्याकरण जाँचक (विकास जारी) आदि 10 सॉफ्टवेयरों के विकास में महत्त्वपूर्ण योगदान दिया है। आपके मार्गदर्शन में कई शोधार्थी पीएच. डी. व एम. फिल. की उपाधि प्राप्त कर रहे हैं। भाषा और प्रौद्योगिकी के सम्बन्ध में अपने विभिन्न ब्लॉगों से आप सभी को लाभान्वित कर रहे हैं।

प्रमोद भार्गव

प्रमोद भार्गव वर्तमान में स्वतन्त्र लेखन एवं पत्रकारिता के क्षेत्र में कार्यरत हैं। किशोरावस्था से ही आप लेखन में गहन रुचि रखते हैं। विगत कई वर्षों से आप पत्रकारिता के क्षेत्र से जुड़े हैं। जनसत्ता, नवभारत टाइम्स, धर्मयुग आदि में आपके आलेख नियमित रूप से प्रकाशित होते रहते हैं। देशभर के विभिन्न समाचार पत्र-पत्रिकाओं द्वारा नियमित रूप से समाज के विभिन्न विषयों जैसे साहित्य, विज्ञान, समाज, राजनीति आदि से सम्बन्धित आपके आलेखों में विशेष स्थान दिया जा रहा है। विज्ञान लेखन में भी आपकी विशेष रुचि है। आपके कई उपन्यास व कहानी-संग्रह बहुत प्रसिद्ध हुये हैं, जिनका विभिन्न भाषाओं में अनुवाद भी हुआ है। आप कई पुरस्कारों जैसे : मध्य प्रदेश साहित्य अकादमी का 'लोककवि ईसुरी सम्मान', मध्य प्रदेश लेखक संघ, भोपाल द्वारा बाल साहित्य के क्षेत्र में 2008 का 'चन्द्रप्रकाश जायसवाल सम्मान', 2009 का मध्य प्रदेश शासन का 'रतनलाल जोशी आंचलिक पत्रकारिता पुरस्कार', मध्य प्रदेश लेखक संघ द्वारा कथा साहित्य पर 2020 का 'गिरिजा कुलश्रेष्ठ सम्मान' आदि से सम्मानित हैं।

डॉ. मनोज श्रीवास्तव

मनोज श्रीवास्तव विगत 23 वर्षों से सेना कैडेट कॉलेज भारतीय सैन्य अकादमी देहरादून में प्राध्यापक के पद पर कार्यरत हैं। आपने लखनऊ विश्वविद्यालय से भौतिक विज्ञान विषय में स्नातकोत्तर तथा पीएच. डी. की उपाधियाँ प्राप्त कीं। आपने सीएसआईआर की जेआरएफ (नेट) परीक्षा उत्तीर्ण कर कनिष्ठ व वरिष्ठ शोध अध्येता के रूप में अपना शोधकार्य सम्पन्न किया। विज्ञान प्रचार के साथ आप आध्यात्मिक विज्ञान में भी गहरी रुचि रखते हैं। आपके 20 से अधिक शोध-पत्र प्रकाशित हो चुके हैं। विभिन्न विज्ञान कार्यशालाओं तथा संगोष्ठियों में आपकी सक्रिय सहभागिता रही है। आपके द्वारा लिखित अध्यायों को पाठ्यक्रम की पुस्तकों में शामिल किया गया है तथा आपकी एक पुस्तक भी प्रकाशित हो चुकी है।

❑❑